DISCOURS

EN FAVEUR

DE LA CONTRIBUTION

DE TOUS LES DONATAIRES

A LA LEGITIME.

Par M. DANTY, Avocat
au Parlement.

A PARIS,

Chez GUILLAUME SAUGRAIN,
au cinquiéme Pillier de la grande Salle
du Palais, du côté de la Chapelle,
à la Croix d'Or.

M. D C. X C V.

AVIS AU LECTEUR.

ON a crû à propos d'avertir le Lecteur, que quoy que cet Ouvrage paroisse le dernier de ceux qui ont été imprimez sur la Question de la Legitime, il a neanmoins été achevé des premiers. Ainsi on ne doit pas s'attendre d'y trouver des réponses particulieres à toutes les raisons alleguées depuis en faveur des premiers Donataires. On s'est contenté d'y répondre tacitement en prouvant dans ce Discours que cette Question ne doit pas se décider par les Maximes ordinaires du Droit Civil, ny par des autoritez ou des préjugez incertains, mais par les principes du Droit naturel toûjours juste, & que personne ne peut ignorer.

De jure autem naturæ per nos ipsi cogitare ac dicere debemus. Cicero l. 2. de Legibus.

DISCOURS

EN FAVEUR

DE LA CONTRIBUTION

DE TOUS LES DONATAIRES

A LA LEGITIME.

LA question qui partage le Palais depuis plusieurs années touchant la Contribution des enfans Donataires à la Legitime, n'est pas moins frequente dans l'usage, qu'elle est importante ; chaque opinion a sa faveur particuliere, ses raisons, ses préjugez, comme elle a ses inconveniens. Il s'agit du privilege d'une dette dont la Nature est le premier Titre, & en faveur de laquelle la Loy s'est declarée si ouvertement pour les enfans contre leur pere, que pour y satisfaire, elle donne atteinte à des Donations entre-

A

vifs, qui font de leur nature irrevocables, felon le droit des gens; Et à des Contrats de mariage; dont la foy eft toûjours facrée & inviolable.

Il s'agit de maintenir d'ailleurs la foy de ces mêmes Contrats, de conferver au pere la liberté qu'il a receuë de la Nature de difpofer de fes biens, & l'autorité que la Loy luy donne fur fes enfans, dont le principal effet fe réduit à pouvoir avantager les uns au préjudice des autres, quand il le juge à propos.

Les plus habiles Jurifconfultes de nos jours font d'un fentiment different. Les anciens Docteurs qui les ont précedez, ou n'ont point traitté la queftion, ou ne l'ont point approfondie, ou fe font déterminez legerement pour l'un ou l'autre party, fur les premieres raifons de douter qui ont frappé leur efprit. La Loy même femble être demeurée dans le filence fur cette difficulté, ou ne s'être pas expliquée en termes affez précis; on l'accufe de n'avoir pas décidé un cas fi ordinaire, quoy qu'elle l'ait préveu, & fous prétexte d'une obfcurité apparante, les premiers Donataires ont trouvé des déffenfeurs, dont l'érudition profonde par des efforts extraordinaires,

a merité du moins l'approbation du Public, à qui ils ont eu l'avantage de faire
croire, qu'on pouvoit regarder cette
Question comme un Problême, dans lequel il est permis, faute de maximes certaines, de choisir tel party qu'on veut.

Il ne faut donc pas s'étonner aujour-
d'huy si les Cours Souveraines se trouvent partagées entre les sentimens de la
Nature & de l'équité, & l'observation
scrupuleuse de ces maximes de rigueur,
qui n'ont lieu qu'à l'égard des dettes ordinaires entre des étrangers. Et si la Ju-
risprudence a parû varier tant de fois
sur une question si difficile. Aprés tout
la verité est une, & par conséquent im-
muable ; si les hommes interpretent di-
versement ses Oracles, c'est qu'ils sont
sujets à la prévention & à l'erreur. Mais
en attendant qu'elle nous en explique
elle-même le sens par une décision so-
lemnelle.

J'espere faire voir dans ce discours en
faveur des derniers Donataires, que sans
s'arrêter trop à l'autorité des Docteurs,
ny aux principes du Droit Romain, qui
ne paroissent pas décisifs également à
tout le monde par rapport à nos mœurs.
C'est l'esprit general de nos Coutumes,

& le bon sens qu'on doit consulter sur cette Question , dans laquelle on peut dire que le party de ceux qui soûtiennent la Contribution , a pour luy les suffrages secrets de la Nature & de la Loy, qui sont inséparables de ceux de l'équité & de la raison.

CHAPITRE PREMIER.

Dans lequel on examine les autoritez des Docteurs & des Loix citées pour l'une & pour l'autre opinion.

PUisqu'on atend un Arrest solemnel pour décider la Question dont il s'agit, il est évident que de tous les préjugez que chacun des deux Partis prétend avoir pour luy, il ne s'en est trouvé aucun assez décisif pour l'emporte absolument sur ceux qu'on luy a opposez : on peut donc les rapporter tous san craindre les consequences qu'on en peu tirer.

Tous ces préjugez se reduisent à l'autorité des Docteurs, des Loix Romaine & des Arrests. Je ne parleray que de deux premiers ; car il seroit inutile d'e

trer dans la difcuffion des circonftances
& des motifs, des Arrefts differens qui
ont été rendus fur cette matiere, à la
veille de celuy qui eft preft de la décider.

Et afin de répondre d'abord à tous les
Docteurs qu'on oppofe en faveur des
premiers Donataires, fans m'arrêter à faire l'hiftoire de la Legitime, que ceux
qui ont écrit avant moy, n'ont pas oublié : il fuffira de rapporter leurs fenti-
mens & les raifons fur lefquelles ils les
ont fondées, pour faire voir qu'ils n'ont
pas approfondi la Queftion, ou qu'ils fe
font déterminez par des raifons com-
munes, & qui étant bien entenduës,
n'ont aucune application à la matiere
dont il s'agit.

Dans le difcours donné au public fur
la détraction de la Legitime en faveur
des premiers Donataires, on cite 1. pour
l'opinion de la difcuffion, Accurfe fur
la Loy 87. §. *Imperator D. de leg.* 2.
qui eft le fiege de la matiere, *fi diverfis temporibus*, dit-il, *Teftator dona-
vit, & tantum propter ultimam Donationem apparet inofficiofitas, an etiam
primæ revocentur? Refpondeo, ultima tantum, quia primæ ftatim valuerunt irre-*

vocabiliter. Cette raison qu'il tire de l'irrevocabilité des Donations, sera ample-
ment refutée dans le Chapitre suivant.
On peut cependant ajoûter qu'Accurse
ne s'explique pas même en cet endroit
aussi favorablement qu'on s'imagine pour
le parti de la discussion; car il parle des
Donations en general, & non pas précisément de celles faites par un pere à ses
enfans, dont il s'agit uniquement; étant
certain qu'il y a une disparité toute entiere de celles-là, avec celles faites à des
étrangers en fraude de la legitime, ainsi
son opinion ne décide pas.

2. On a cité Joannes Faber sur le T.
au Code *de inoff. Donati* lequel ne rend
point d'autre raison de son sentiment
que celle d'Accurse : *Semper dic quod ubi
est prioritas vel ratione privilegii, vel
hypotheca vel dominii, quod illorum Do-
nationes non defalcantur, si sufficit de-
falcatio vel exinanitio aliarum.* On verra dans la suite que cette Maxime si ge-
nerale, même dans le sens qu'il l'a entenduë, en faveur de la priorité, a son
exception dans le cas de la legitime, qui
est une dette privilegiée, & on verra même que cette maxime bien expliquée,
est entierement favorable & décisive en

faveur de la contribution à la Legitime, qui eſt anterieure au droit de tous les Donataires. Ajoûtez qu'il ne parle point auſſi préciſément des Donations d'un pere à ſes enfans, non plus qu'Accurſe. Ainſi ſon opinion ne fait pas plus de conſequence que la ſienne.

3. On a cité M. Cujas, mais on a été forcé de convenir dans la ſuite qu'il ne s'étoit pas expliqué nettement ſur la diſcuſſion. On pouvoit convenir encore qu'il n'a pas même penſé à la queſtion dont il s'agit.

4. On a cité Choppin l. 3. T. 2. n. 2. *de Mor. Pariſ. Ex paternis*, dit-il, *bonorum Donationibus variis, ultima ſola reſcinditur qua inofficioſa detegitur.* On prouvera dans le Chapitre ſuivant, que toutes les Donations ſont inofficieuſes indiſtinctement, quand il n'y a pas de biens dans la ſucceſſion du pere pour remplir la legitime. D'ailleurs Choppin s'eſt fondé ſur la Loy *ſi libertus.* Cette Loy fameuſe en ce qu'elle a été la cauſe de l'erreur de la plûpart des Docteurs qui l'ont citée ſur cette matiere, à laquelle elle n'a nulle application, comme l'Auteur du Diſcours ſur la détraction de la Legitime a fait voir avec beaucoup

de difcernement & d'érudition.

Quant au fentiment de M. Ricard en fon Traité des Donations Part. 7. Ch. 8. Sect. 10. n. 111. il n'y avoit qu'à le rapporter tout au long, pour faire voir qu'il étoit luy-même fort irréfolu fur cette Queftion ; car aprés s'être déterminé pour la difcuffion, & aprés avoir cité aveuglément comme les autres la Loy *Si libertus*, & l'Arreft du 17. Septembre 1675. rendu en faveur de cette opinion, il eft forcé d'avoüer que la contribution par tous les Donataires à la Legitime , eft la plus favorable , parce qu'elle reduit les chofes à l'égalité entre enfans, furquoy il cite Du Molin en fon Confeil 75. qui y eft formel. Or fa raifon de douter , eft fans difficulté plus forte que celle qu'il a eu de décider. Car ce qui le détermine pour la difcuffion eft l'irrevocabilité des Donations : parce que , dit-il , il s'enfuivroit que fi la premiere Donation contribuoit à la Legitime, le pere y pourroit donner atteinte par fon propre fait ; lequel inconvenient n'a qu'une fauffe apparence de folidité , puifque ce n'eft point le pere qui revoque, mais la Loy , & que ce n'eft point luy qui profite de la revocation de la Loy : ce que je ne dis qu'en passant, y ayant une réponse invincible à cet inconvenient prétendu, ainsi qu'il sera montré cy-aprés.

Il est vray encore que M. Auzannet s'est aussi laissé entraîner, selon toutes les apparences, par le sentiment de ce grand homme, ainsi qu'il paroist par le Manuscrit qu'il nous a laissé sur la Coutume de Paris, T. des Successions, Sect. 3. de la Legitime : mais il ne rend aucune raison de son sentiment, parce qu'il n'en avoit apparemment point d'autre, que celle de M. Ricard.

Quant au sentiment de M. d'Argentré, il ne traite la Question qu'à l'occasion des Articles 375. de la Coutume d'Anjou, & de l'Article 347. de la Coutume du Maine, qui se font expliquez à la verité en faveur des premiers Donataires, en admetant la discussion des dernieres Donations, mais qui parlent précisément dans le cas de Donations faites par un pere à des étrangers, au préjudice & en fraude de la Legitime. Or comme il a été dit, la disparité est toute entiere à l'égard de celles des peres en faveur de quelques-uns de ses enfans. D'ailleurs M. d'Argentré ne rapporte point d'autre raison de son sentiment dans ce cas, que celle des autres Docteurs cy-dessus citez: sçavoir l'irrevocabilité & la date de la premiere Donation, & cette raison n'est d'aucune consequence pour la décision de la Question dont il s'agit.

De plus, il faut remarquer que M. d'Argentré demeure d'accord au même endroit que pour évaluer la legitime, il faut considerer uniquement le temps de la mort du pere Donateur *Vis enim contractus*, dit-il, *desinit mortuo Donatore, & incipit esse hereditas, unde in tali actu non est considerandum quod in bonis donator habuerit cum donaret, id est contractus tempore, sed quantum cum moritur, id est cum defertur hereditas.* Or ce raisonnement sert à confirmer l'opinion pour la contribution de tous les Donataires à la legitime, & prouve que toutes les Donations *sunt simul tempore*, ainsi qu'il sera dit cy-après. La consequence qu'on tire de l'Article 407. de la Coutume de Normandie, n'a aussi nulle application à la Question. Cet Article parle de vente faite par le pere à des étrangers de ses immeubles, au préjudice du tiers des biens qui constituë le Doüaire, lequel tient lieu de Legitime aux enfans dans cette Coutume.

Dans les Reflexions imprimées depuis sur ce même Discours de la détraction de la Legitime, on a ajoûté l'autorité de Bartole sur la Loy derniere *C. de inoff. Don.* qui dit qu'à l'égard des Donations qui n'étoient valables en Droit Romain que quand elles étoient confirmées par la mort du Donateur, comme celles faites par un mari à sa femme durant le mariage; elles doivent être toute revoquées *pro ratá* pour fournir la Legitime; & qu'à l'égard des Donations entrevifs, attendu qu'elles font valables *ab initio*, il n'y a que la derniere revoquée, parce qu'elle seule est inofficieuse. Cette distinction de Bartole, qui n'est aussi fondée que sur la date & l'irrevocabilité des premieres Donations entre-vifs, a trompé plusieurs autres Docteurs qui ont suivi son opinion sans y reflechir, on en verra dans le Chapitre suivant le peu de solidité. Enfin on finit par le sentiment de Paul de Castres, mais on n'en rapporte point les termes. Du Moulin au contraire en son Conseil 35. prétend qu'il a décidé pour la Contribution. Voilà toutes les autoritez des Docteurs qu'on a citées pour l'opinion de la discussion, il faut exami-

ñer enfuite celles des Docteurs qu'on
leur a opposé en faveur de la Contribution.

Le Fils d'Accurfe est le premier, en fa
Glofe fur la Loy 1. *C. de inoff. Don.* &
quoy que fon autorité ne foit pas d'un
fi grand poids que celle de fon pere, elle fe trouve en cette occafion appuyée
de celles de tant d'autres, & de raifons
fi folides, qu'elle merite toute la confide-
ration poffible, étant le premier qui ait
foûtenu le parti de la Contribution.

Maître Charles du Molin, qu'on peut
oppofer feul à tous les Docteurs du parti contraire, dans une matiere où il s'a-
git de fe déterminer par l'efprit general
de nos Coûtumes, qu'il entendoit mieux
qu'aucun autre, est d'avis de la Contribution dans fon Confeil 35. *Et non fo-*
lum, dit-il, *ultima donatio actu lædens*
legitimam dicitur inofficiofa, fed etiam
priores fiunt vel deteguntur inofficiofæ.
Etiamfi fint diverfis temporibus facta. Il
n'a point d'égard à la date des Donations, ny à la Maxime, *prior tempore po-*
tior jure, qui a été mal entenduë, & mal
appliquée à la Queftion.

Antonius Faber fur le Code *de inoff.*
Do. Def. 1. En décidant pour la Contri-

bution a répondu en même temps à l'objection qu'on auroit pû luy faire sur ce que Justinien a deffendu de cumuler les Donations, pour sçavoir celles qui doivent être insinuées ou non, il dit que nonobstant cette prohibition, il faut revoquer toutes les Donations, parce qu'elles sont toutes inofficieuses quand la Legitime n'est pas remplie, sa raison, qui est décisive, c'est la faveur que merite cette qualité d'enfant du même pere : *Propter liberos quibus utique consulendum*. Et pour marquer qu'il avoit approfondi la Question plus avant que Joannes Faber & tous les autres, il ajoûte dans sa Definition septiéme, que la raison pourquoy cela se doit faire ainsi, est parce que pour sçavoir si une Donation est inofficieuse ou non, il faut regarder seulement le temps de la mort du Donateur, puisque jusqu'à ce moment il peut acquerir dequoy remplir la Legitime, & oster le vice d'inofficiosité aux Donations qu'il a faites, *Et vero necesse est in mortis tempore remanere in suspenso an inofficiosa Donatio futura sit. Nam etsi patrimonium suum quis in totum donaverit, non ideo tamen inofficiosa dici Donatio statim potest, quid enim si Donator postea alia bona aquirat ex quibus dari possit legitima.* En effet ajoû-te-t-il, la Legitime ne commence a être deuë qu'au jour du deceds du pere do-nateur, d'où il s'enfuit que ce ne peut être que de ce jour-là qu'on sçait si la Donation est inofficieuse ou non.

Perezius sur le Code *Cod. Tit.* suit l'o-pinion d'Antonius Faber qu'il cite.

Charondas également sçavant dans le Droit Romain & dans le Droit Coutu-mier, aprés avoir fait voir sur l'art. 298. de la Coutume de Paris, que la Legiti-me se doit prendre sur les biens donnez suivant l'Arrest des Brinons qu'il rappor-te, ajoûte que s'il n'y a ni heritier, ni fideicommissaire ou Donataire universel, la Legitime se droit prendre sur toutes les Donations par contribution.

Quant aux Auteurs qui ont fait des Traitez exprés sur la Legitime, comme Merlinus, Cucchus, de Batandier, Chif-fletius, Marcus Mantua & autres, aucun n'a parlé de la Question dont il s'agit.

Celuy qui a écrit le dernier sur cette Question, a rapporté en faveur de la Contribution le sentiment de Joan-nes Antonius Rubæus, qui florissoit en Savoye en 1540. dont il étoit originaire., & qui quitta la Charge de Conseiller en ce Parlement pour enseigner le Droit. Cet Auteur appuye sa Decision sur la Glose de la Loy 5. *C. de inoff. Don.* Qui dit que quoy qu'une Donation ne soit pas inofficieuse dans son origine., elle le peut devenir ensuite, *Ultima relicta inducunt falcidiam id. est legitimam in primis.* Ce qui fait voir que c'est uniquement de l'instant de la mort du Donateur que dépend de sçavoir si la Donation est inofficieuse ou non.

Il seroit inutile de chercher d'autres autoritez en faveur de la Contribution.

Mais il est important de remarquer, que quoy que presque tous les Docteurs ayent obmis de parler de la Question dont il s'agit, il y en a neanmoins plusieurs qui ont avancé des Maximes qui peuvent servir à se déterminer en faveur de la Contribution, & desquelles on peut conclure qu'ils auroient suivi cette opinion s'ils s'étoient formez cette difficulté.

Franciscus Ripa *in 2. parte infortiati pagina* 110. *versu n.* 132. prouve que la Legitime est deuë de droit naturel. *Quantum ad obligationem, licet debeatur jure positivo quantum ad quotam,*

parce que , dit-il , elle tient lieu d'aliment aux enfans qui y font réduits, &
que nous ne fommes pas moins por-
tez à leur laiffer dequoy fubfifter , que
nous le fommes à leur donner l'éducation. C'eft pourquoy, dit-il, l'autentique, de *Triente*, & *Semiffe*, appelle la
Legitime, *Debitum fubfidium bonorum.*
Et il remarque qu'en France , quoy que
l'aîné fuccede feul à la Couronne à l'ex-
clufion du puifné : neanmoins ce puifné
doit avoir fa Legitime : *Quod appana-*
gium gallico fermone vocatur. Tous les
Docteurs font de cet avis pour la plus
grande partie ; il eft vray que cette Maxime a donné lieu à une grande difpute
entr'eux, pour fçavoir fi la Legitime fe
pouvoit ofter entierement aux enfans par
la difpofition feule de la Loy, & ceux qui
ont foûtenu qu'elle le pouvoit , ont été
obligez auffi de nier qu'elle fut deuë de
droit naturel.

Alexandre en fon Confeil 134. eft de
cet avis, *Quia jure natura* , dit-il, *non*
datur meum & tuum. Il n'y avoit aucun
bien propre à perfonne au commencement du monde , tout étoit poffedé en
commun. Ce n'eft que par l'autorité du
droit des gens que le domaine de chaque

que chofe a été diftingué & partagé entre les hommes. De plus, dit-il, fi la Legitime étoit deuë par le droit naturel, la
Loy ne l'auroit pas déniée aux enfans en
certains cas, comme elle fait neanmoins
aux bâtards, aux enfans ingrats, aux filles, fuivant la Loy des douze Table, ce
qui a obligé quelques autres Doĉteurs
d'ajoûter qu'elle ne tenoit point lieu d'alimens aux enfans, qui leur étant deus de
droit naturel, ne peuvent leur eftre oftez
par leur peré, qui peut neanmoins les priver de la Legitime par l'exheredation.

Mais ces opinions ont été condam-
nées par tous les autres Jurifconfultes,
& ils font tous demeurez d'accord que la
Legitime eft deuë, *ratione & aquitaté
naturali.* C'eft ce qui eft décidé par la Loy
7. Digefte 48. T. 20. *de bonis damnato-
rum,* qui dit que la raifon naturelle, comme une Loy tacite, défere aux enfans la
fucceffion de leur pere, & leur en donne la proprieté parce qu'elle leur eft
deuë. La Loy 1. au Code *De imponenda
lucrativa defc.* dit que c'eft une dette naturelle, *In tam neceffariis conjunctifque
perfonis fub liberalitatis appellatione debitum naturale perfolvitur.* La Novelle
In principio : igitur illud confideran-

B.

dum quod hii qui Teſtamenta condunt,
partim lex neceſſitatem imponit ut cer-
tam bonorum partem certis perſonis at-
tribuant, perinde quaſi quodam jure na-
tura illis debeatur, quo in genere cen-
ſentur filii & nepotes patres & matres.
Et la Loy 7. D. 38. T. 6. apiés avoir dit
que les peres ne ſont appellez à la ſucceſſion de leurs enfans, qui meurent avant
eux, que par commiſeration & pour les
conſoler de la douleur qu'ils ont de leur
mort, elle ajoûte qu'il n'en eſt pas ainſi de
la ſucceſſion du pere à l'égard de ſes enfans, parce qu'elle leur eſt deuë par le vœu
de la nature & de la pieté paternelle tout
enſemble, d'où il s'enſuit que la Legitime qui eſt la moindre portion de cette
ſucceſſion à laquelle elle a pû eſtre re-
duite, ne peut auſſi leur eſtre oſtée par
aucune Loy Civile, la Loy ne pouvant
donner atteinte a un droit qui a ſon principe dans la nature, & Brodeau ſur Loüet
l. L. n. 10. a raiſon de ſoûtenir que même dans les Coutumes qui n'ont point
parlé de la Legitime, il ſeroit abſurde
de la refuſer aux enfans, que ſi elle n'é-
toit point deuë au commencement du
monde par les Loix naturelles, c'eſt
que la nature n'ayant fait, pour ainſi di-

re , qu'une famille de tous les hommes
ensemble , en établissant la communauté
de biens entre tous. Ce cas de la Legitime , qui est un retranchement des biens
deus aux enfans par le pere, ne pouvoit
arriver, parce que le pere n'en possedoit
aucuns en particulier qu'il pût leur laiffer , & que ce retranchement , s'il eust
été possible , eut été inutile , puisqu'il
n'auroit pû leur oster le droit de joüir
en commun , en qualité d'homme , de
tous les mêmes biens en general , qui
ne faisoient tous qu'une masse. Et si depuis la Loy Civile a osté cette Legitime
aux enfans en certains cas , après l'avoir
introduite, c'est qu'elle a été obligée de
vanger la nature des attentats commis
par ces mêmes enfans contre leur pere,
auquel elle a permis de les exhereder.
Car à l'égard des filles que la Loy des
douze Tables privoit même de la succession de leur pere, chacun est assez per-
suadé que cette Loy étoit injuste & bar-
bare, aussi elle a été reformée depuis &
corrigée dans la plûpart de semblables
dispositions contraires à l'humanité & à
l'équité naturelle.

Quant à l'origine de la Legitime,
Chifflerius de Portionibus legitimis, prou-

ve qu'elle a été introduite á l'exemple
de la Falcidie, & qu'elle n'a commencé
d'avoir lieu que fur la fin du Regne d'Augufte fuivant les termes de l'Oraifon de
Votienus Montanus, celebre Orateur de
ce temps-là, qu'il prononça devant les
Centumvirs, pour la deffence de Galla,
accufée d'avoir empoifonné fon pere,
qui neanmoins l'avoit inftituée fon hé-
ritiere, *ex unciâ ;* car il leur remontra
que cette inftitution d'un pere, étoit une
preuve de fon innocence, *Unciam nec fi-*
lia deleri, nec venefica, in paternis ta-
bulis locum aut fuus debetur, aut nul-
lus, relinquit nocenti nimium, innocen-
ti parum. Non poteft filia tam augufte
paternis tabulis inhærere, qua aut totas
poffidere debet aut totam perdere. D'où
Chiffletius conclut fort bien, que la Legitime n'étoit point en ufage en ce
temps-là, puifque les enfans devoient
être inftituez heritiers purement & fimplement, ou entierement exheredez. On
a demandé encore fi l'enfant qui eft réduit á fa Legitime doit fe porter heritier de fon pere ; *Adeo ut fit heres in le-*
gitima ; Et aprés plufieurs raifons alleguées de part & d'autre, on a conclu
qu'il étoit, *Sui cujufdam generis herons*

*in legitima , quia non ut alii heredes
onera hereditaria ferre folet ;* Ainſi il
n'eſt tenu de payer les legs du deſſunt,
quoy qu'il ſoit tenu des dettes & des
frais funeraires quand il prend ſa Legitime ſur les biens trouvez en la ſucceſſion , au lieu que quand il la prend ſur
les biens donnez par ſon pere de ſon vivant, il n'eſt point tenu des dettes faites
depuis les Donations , parce que les biens
donnez n'étoient plus au Donateur au
jour de ſa mort.

Cette Queſtion en a fait naître une
autre, qui a auſſi partagé les Docteurs,
pour ſçavoir ſi la Legitime ſe doit appeller, *Quota hereditatis aut quota bonorum.* Zoczius T. 11. *De inoff. Teſtam.*
prétend que c'eſt, *quota hereditatis ,* parce qu'elle doit eſtre laiſſée au fils à titre
d'heritier , *ut non poſſit non dici hæres.*
Et parce qu'on ne peut relever la Legitime qu'en renonçant à la ſucceſſion , n'é-
tant pas permis d'être heritier en partie,
& il ſoûtient ſon opinion par l'autorité de
Balde ſur la Loy *pater filium* du même
Titre, qui dit que *Ratione legitimæ ſuc-
ceditur in univerſum jus quod habuit de-
functus.*

Merlinus Queſt. 2. *de Legitima ,* ſoûtient au contraire, que *legitima est quota bonorum*, il distingue néanmoins, & dit qu'elle n'est regardée comme une cotte part de biens que quand il y a des dettes à payer, & que quand il n'y en a point, c'est une cotte part de la succession.

Mais d'autres Docteurs, après avoir approfondi la question, demeurent d'accord qu'il y a si peu de différence à faire entre ce qu'on appelle *quota hæreditatis & quota bonorum*, que c'est presque la même chose.

Enfin on a demandé quel temps il falloit considérer pour sçavoir si la Donation étoit inofficieuse ou si elle ne l'étoit pas, & la plûpart des Docteurs se sont trompez en cet endroit.

Paul de Castres *in authentica, unde si parens C. de inoff. Test.* dit que *Donatio facta uni ex liberis per alias retractatur usque ad legitimam debitam & non ultra, inspecta quantitate bonorum quæ erant ante Donationem.* Du Molin *T. 29. C. de inoff. Donat.* dit que *Legitima eo loco non æstimatur ex facultatibus quas reliquit mortuus, sed initur ratio ejus diei quo est facta Donatio.* On ne répond point ici à ses autoritez, on se reserve à les refuter dans le Chapitre suivant.

Pour ce qui est de l'autorité des Loix sur cette Question, elles ne l'ont point ce semble formellement décidée, puisqu'elles ne parlent point précisément de la Contribution, ni de la Discussion, mais seulement de la revocation des Donations en general, ce qui veut pourtant dire qu'elles y doivent toutes contribuer, autrement elles auroient dit seulement qu'il falloit revoquer les dernieres, & ne revoquer les premieres que subsidiairement.

En effet, il faut avoüer que la plûpart de ces Loix dans l'espece de Donations sont faites par un pere pour éluder la querele d'inofficiosité introduite contre les Testamens & qu'ainsi elles étoient prohibées expressément, & par consequent nulles; au lieu qu'il ne s'agit dans cette Question que de Donations entre-vifs faites par un pere à ses enfans sans aucun dessein de frauder la Legitime des autres.

Brunemannus sur le Titre *de inoff. Don.* en répondant au sentiment d'Antonius Faber & de Pérezius, en faveur de la Contribution qu'il refute, dit que

les Donations frauduleuses sont toutes
nulles, & que leur sentiment ne peut au
plus avoir lieu que dans ce seul cas. En
effet le *Imperator D. de Legat.* 2. dit
que l'Empereur n'accorde cette action de
revocation que contre les Donations faites dans le dessein d'éluder la querelle
d'inofficiosité contre les Testamens, *In-*
tervertendæ inofficiosi querelæ causa. La
Loy 1. au Code T. *de inoff. Don.* dit aussi la même chose , *ad eludendam inof-*
ficiosi querelam. Et la Loy 8. exprime le
même cas de fraude. Les autres Loix de
ce Titre doivent s'entendre dans le même sens, excepté la Loy *Si totas* , qui
est dans le cas de la survivance d'enfans au Donateur , laquelle par conséquent n'a pas une application juste à l'espece non plus que les autres, du moins
cette Loy revoque toute les Donations
indistinctement , & n'excepte point les
premieres.

L'autentique *undè si parens C. de inoff.*
Test. ne parle que d'une seule Donation
inofficieuse faite par le pere à l'un ou
plusieurs de ses enfans en même temps ,
non plus que la Novelle 92.

A l'égard de la Loy *Si libertus D. de*
jure patron. L'Auteur du Discours sur la
détraction

detraction de la Legitime, l'a luy-même
refusée, & a fait voir que c'est sans fondement que les Docteurs l'ont citée pour
soûtenir le party de la discussion. Et on
ne devoit pas citer aussi la Loy *Si quis*
habens Dig. qui & à quibus, pour cette
opinion, parce que cette Loy est dans
l'espece de creanciers frustrez de leur dû
par la fraude de leur debiteur, & non
pas dans le cas de Donations d'un pere
à ses enfans au préjudice de la Legitime,
qui est une dette fondée sur la nature,
qui a des privileges tous particuliers.

Il faut avoüer neanmoins que de l'esprit de toutes ses Loix, on peut induire
qu'elles ont eu en veuë la contribution
des Donataires & non pas la discussion
des derniers. 1. Parce qu'elles ont, en
cas de fraude revoqué toutes les Donations sans en excepter aucune, or pour
reputer la Donation inofficieuse par rapport à la Legitime, il suffit qu'elles le soit,
eventû; c'est-à-dire, *reipsâ*, parce que
la Loy ayant imposé au pere la necef-
fité, pour user des termes de la Novelle, de reserver la Legitime à tous
ses enfans, il ne peut en épuiser le fond
sans faire une espece de fraude à la
Loy, puisque c'est par son fait qu'elle

C

ne se trouve pas dans sa succession, ainsi aucune des Donations ne merite d'être exceptée de la Contribution à la Legitime, puisque la Loy les a toutes deffenduës en general, & qu'elle ne permet pas d'y donner atteinte par quelque disposition que ce soit.

2. La Loy *Si totas*, est dans le cas de Donations, faites aux enfans, ou des étrangers, ce qui marque évidemment que la Loy ne fait aucune difference entre les Donations, quand il s'agit de les revoquer en faveur de la Legitime, & quoy que cette Loy soit aussi dans le cas de la survivance des enfans au pere Donateur, on peut dire que si le fondement de la Loy *Si unquam*, n'est étably que sur la présomption que le pere n'auroit pas donné, s'il eust eu lors les enfans qui luy sont nez depuis, il y a beaucoup plus de revoquer indistinctement toutes les Donations qu'il a faites au préjudice de la Legitime de ceux de ses enfans qui étoient déja nez lors des Donations, parce que le pere est bien moins excusable d'avoir manqué de tendresse & de prévoyance pour ceux qu'il a déja, que pour ceux qu'il n'avoit pas encore, & qu'il ne croyoit pas

qu'il auroit dans la suite.

3. Cette Loy parle du moins implici-tement de la Contribution par toutes les Donations : *Ex factis Donationibus ad patrimonium tum revertetur*, ce qui ne se peut interpreter de la détraction d'une seule Donation, mais de plusieurs, & même de toutes celles qui ont été faites, puisque la Loy n'en excepte aucune, ce qui est une veritable Contribution ; & ces mots, *Ad patrimonium tum revertetur*, sont voir que le retour des choses données à la masse de la succession du pere, se fait de plein droit, indépendamment & malgré tous les Donataires, parce qu'il se fait par l'autorité absoluë de la Loy.

Enfin cette Loy rend raison de sa dis-position, quand elle appelle la Legiti-me, *Debitum bonorum subsidium* ; car elle fait voir par ces termes qu'elle la regarde comme une dette privilegiée & anterieure à toutes les Donations ; puis qu'elle les revoque toutes pour la payer.

Quant à la Novelle 92, *De immensis Donat.* Elle marque formellement que si la Loy a permis au pere d'avantager quelqu'un de ses enfans, ce n'est qu'à la charge de ne faire aucun préjudice à la Legitime, ce qu'elle ne fait qu'en veuë

C ij

de l'égalité qui doit être entre enfans, & c'est pour cela, dit-e'le, qu'elle a introduit la falcidie : *Nam nimia illa inæqualitas placere nobis non potuit : necesse habeat*, dit-elle ensuite, *in hereditate distributione tantum cuique filiam relinquere quantum magna pars erat legitima antequam pater donationem in filium aut filios hac ipsa honoratos faceret.*

Ces mots *necesse habeat*, marquent qu'il n'est pas libre au pere de donner aucune chose, sinon à la charge de la Legitime, tout ce qu'il a donné y est donc sujet & affecté, pour ainsi dire, aussi la Novelle appelle même la Donation inofficieuse, le crime du pere : *Ita enim Donationem in filium aut, filios amplius in crimen non vocabunt.* C'est pour cela aussi qu'elle appelle cette action, *querela* une plainte contre le pere en qualité de Donateur, & que sans aucun égard aux enfans donataires, elle les oblige tous de rendre la Legitime à leur frere, par toutes sortes de voyes, quelques dures qu'elles paroissent : *Omnibus tamen modis necessitatem habentibus, ut quod inde excurrit, eâ mensurâ qua diximus, cum fratribus exæquent.* En

un mot elle ne diftingue point le premier donataire du dernier, elle appelle
immenfes toutes les Donations du pere
en general.

Voila à peu prés tout ce qu'on peut
tirer du texte des Loix Romaines en
faveur de l'opinion pour la Contribution, il faut effayer d'en penetrer l'efprit, & raifonner fur les principes de la
nature & de l'équité, pour faire que felon nos mœurs, on doit admettre la
Contribution par tout les Donataires à la
Legitime.

CHAPITRE II.

Dans lequel on fait voir par les principes
de nature & de l'equité, & par le
raifonnement qu'il faut admettre la
Contribution.

LA fucceffion des Peres & Meres appartient à leurs enfans de droit naturel, ce n'eft point une liberalité qu'ils
tiennent d'eux, c'eft une dette fondée
fur la raifon naturelle. Elle oblige tacitement, pour ufer des termes de la Loy *a*,
ceux qui leur ont donné l'être, de leur

a L 7 D. 48. T. 10.

aſſûrer en même temps les moyens de
le conſerver ; & comme ils ont donné
également la vie à tous, ils doivent auſſi
laiſſer leurs biens également à chacun
pour la ſoûtenir. C'eſt par cette même
raiſon naturelle, que le premier né qui
en venant au monde acquiert le droit
de ſuccéder à tous les biens de ſon pere, perd la moitié de ce droit par la
naiſſance de ſon cadet, & s'il naiſt un
troiſiéme frere, ils partagent chacun par
moitié, leur part avec luy. Voilà quel
eſt le premier ordre de ſuccéder entre enfans ſelon le vœû de la nature,
pour maintenir cet ordre, elle n'a point
pris d'autre précaution que celle d'inſpi-
rer aux peres & meres un amour égal
pour leurs enfans. La pieté paternelle,
quand elle agit librement, & qu'elle
n'eſt point prévenuë par aucune paſ-
ſion, ſuit toûjours en cela les mouvemens de la nature, & quand un pere
eſt aſſez heureux pour n'avoir mis au
monde que des enfans bien nez, comme il a lieu de les cherir tous également, il ne manque pas de leur laiſſer
auſſi à chacun une portion égale dans
ſes biens.

La Loy qui n'eſt que l'interprete de

la nature, & qui préfume toûjours que
le pere en a reffenty tous les mouvemens, a auffi appellé également tous fes
enfans à fa fucceffion quand il ne leur
en a point fait partage luy-même de fon
vivant, & cette égalité luy a paru fi jufte & fi indifpenfable, que s'il arrive
qu'un pere ait laiffé fi peu de biens qu'ils
ne puiffent fuffire aux alimens des enfans nez avant fa mort, & qu'un poft-
hume vienne encore à naître, elle oblige tous les autres, fans diftinction, de
partager avec luy, & de contribuer également entr'eux à fa portion hereditaire.

Cependant parce qu'il arrive des cas,
que la nature n'a point préveu, dans lefquels on ne doit pas obliger un pere de
garder cette parfaite égalité entre fes
enfans, foit parce qu'il ne trouve pas en
eux un merite égal, & qu'il eft jufte
qu'il puiffe mettre de la différence entre
ceux qui fuivent le party de la vertu, &
ceux qui malgré la bonne éducation qu'il
leur a donnée, s'abandonnent à tous les
vices, foit parce qu'il fe peut prefenter
des occafions favorables d'établir fa famille, dans lefquelles le pere doit être
en état de faire quelques avantages à

C iiij

l'un de ſes enfans au deſſus des autres, afin qu'il devienne l'appuy de tous. La Loy a cru à propos de le diſpenſer de cette égalité dans ces cas là ſeulement, & luy a permis d'uſer de cette liberté naturelle que chacun a receu de diſpoſer de ſon bien, & de l'autorité qui luy eſt deuë ſur ſes enfans, en luy accordant le pouvoir de les récompenſer ou de les punir dans le partage de ſes biens, ainſi qu'il le jugeroit à propos.

Mais comme d'ailleurs elle avoit lieu d'apprehender que le pere par une prévention injuſte en faveur de l'un de ſes enfans, ou par une fauſſe prudence, ne ſe ſervit du pouvoir qu'elle luy donnoit pour ruïner tous les autres, elle a été obligée de le fixer, & de donner des bornes juſtes & raiſonnables à cette liberté qu'il a, en qualité d'homme libre, de diſpoſer de ce qui luy appartient, & de moderer cette autorité qu'il a en qualité de pere ſur ſes enfans; c'eſt pourquoy elle ne luy a permis de diſpoſer en faveur de l'un ou de pluſieurs d'entr'eux, que d'une certaine portion de ſa ſucceſſion, mais à la charge expreſſe d'en reſerver une autre qu'elle a arbitrée, à ceux de ſes enfans qu'il

n'avoit point avantagez, & cette reserve
est ce que nous appellons la Legitime.
Nos Coutumes plus justes en ce point
que le Droit Romain, & plus conformes à la nature dans la proportion qu'elles y ont gardée, l'ont fixé à la moitié
des biens que le fils auroit eu dans la
succession de ses pere & mere, s'ils n'en
eussent point disposé par Donation entrevifs ou par Testament.

De ce que dessus il faut tirer deux
consequences; La premiere, que puisque
c'est par le benefice de la Loy que le
pere a été dispensé de garder l'égalité
que la nature luy avoit prescrit dans le
partage de ses biens entre ses enfans, elle
a été en droit de luy imposer telles conditions & telles reserves qu'elle a voulu, ausquelles il ne peut jamais donner
atteinte en quelque maniere que ce soit,
parce que le pouvoir qu'elle luy a donné, est limité & conditioné, & qu'il ne
peut user de la grace qui luy a été faite
que suivant l'ordre qu'elle luy a prescrit:
La seconde consequence est que cette
Legitime reservée par la Loy, tient lieu
au Legitimaire de sa portion hereditaire.
C'est un retranchement de cette portion
dont il est saisi de droit naturel, qu'el-

le luy a confervé, & qu'elle ne pouvoit luy oſter, parce qu'elle ne peut donner atteinte aux droits de la nature; c'eſt pourquoy Godefroy ſur la Loy 38. *D. de bon. damnat.* appelle la Legitime, *hereditatem diminutam.* Au contraire l'excedant de cette portion dont le pere difpofe en faveur de l'un ou de pluſieurs de ſes enfans, leur tient lieu d'une liberalité. Ces biens donnez ne leur font point deus de droit naturel, on ne peut même les appeller une récompenſe, puifque le pere ne peut jamais rien devoir à fon fils, qui luy doit la vie, fans laquelle il n'auroit pas été en état de luy rendre aucun ſervice, & par conſequent les Donations qu'il leur a faites ne doivent point entrer en comparaifon avec la Legitime, qui merite une faveur toute entiere, parce qu'elle a fon principe dans la nature, parce qu'elle eſt l'ouvrage de la Loy, & parce qu'elle l'a deſtinée comme un ſecours neceſſaire aux enfans que le pere a oublié de pourvoir; par le moyen duquel elle leur a affuré la vie qu'il leur a donnée, & à réparer la faute qu'une prévention injuſte, ou une fauſſe politique peuvent luy avoir fait faire dans la diſtribution de ſes biens.

C'est dans toutes ses veuës que la Loy
s'est declarée si ouvertement en faveur
de la Legitime ; aussi en Droit Romain
le pere étoit obligé de la laisser à son fils
à titre d'heritier, & sans aucune charge,
& suivant nos mœurs, il la doit laisser
en corps hereditaire, en proprieté & en
usufruit, le fils qui s'y trouve réduit au
jour du deceds de son pere, en est saisi
de plein droit sur tous les biens de la
succession. Il la prend par préference aux
Legataires, & par un privilege extraordinaire, il la prend même sur les biens
qui ne se trouvent plus appartenir au
pere au jour de sa mort, & dont il a disposé par des Donations entrevifs, quoy
qu'elles soient de leur nature irrevocables, quand ces Donations seroient por-
tées dans un Contrat de mariage, qui
est toûjours inviolable.

La Loy a donné en ce cas au Legitimaire une action revocatoire contre tous
les Donataires sans distinction, parce
que du jour qu'elle est ouverte, qui est
celuy de deceds du pere, elle le regarde
comme proprietaire des biens qui ont été
donnez à ses freres, à concurrence de
sa Legitime, & ne considere les Donataires, que comme ses coheritiers, qui ont

partagé toute fa portion fans luy. C'eſt
pourquoy elle luy permet de leur en demander partage, & d'intenter complain-
te contr'eux, parce que dés cet inſtant,
il eſt reputé poſſeder par *indivis* avec eux
tous les biens qu'ils ont receu du pere
commun, qui ſont tous ſujets à ſa Legitime. Et quoy que le Legitimaire ait
perdu une moitié de ſa portion hereditaire, & qu'il n'ait plus qu'un demi lot
à prétendre, c'eſt toûjours un lot à ſon
égard, *hereditas diminuta.* Et pour fournir ce lot, elle ne laiſſe pas de reduire
en une maſſe tous les biens donnez indépendamment des Donataires, dont elle revoque les Donations par ſa ſeule
autorité, comme faites au préjudice de la
reſerve qu'elle avoit fait de la Legitime
fur le total des biens, & ce rapport le-
gal des biens donnez à la maſſe, ſe fait
de plein droit, malgré le Donataire, &
par conſequent ſans diſtinction de la premiere ou de la derniere Donation. Le
legitimaire ſe trouve ſaiſi de cette portion modique qu'elle luy rend elle-
même, après l'avoir repris des mains
des Donataires. En un mot, la Legitime eſt un patrimoine diſtinct & ſeparé
par la Loy, de celuy des biens donnez ;

lequel est reservé au Legitimaire, sous condition, c'est-à-dire, en cas que le pere n'ait pas laissé dequoy la remplir dans sa succession, ou pour mieux dire, c'est un fond que la Loy retient par ses mains & par avance, à mesure que le pere acquiert des biens, *Antequam donationem faceret*, dit la Novelle 92. Et s'il en a disposé, elle regarde ses dispositions comme s'il n'en avoit fait aucunes, parce que cette condition, de reserver la Legitime, emporte une reserve sur le total des biens, dont le droit est anterieur à la premiere Donation comme à la derniere, parce qu'elle est imposée au pere en qualité de pere du Legitimaire. Or il faut qu'il soit pere avant de pouvoir estre Donateur, cette condition a donc un effet retroactif à toutes les Donations en general, & il est vray de dire que la Legitime en ce sens, *Prior est tempore, & potior jure*, Le Legitimaire en qualité de fils est creancier anterieur & privilegié du pere, tous ses freres en qualité de Donataires ne sont creanciers qu'après luy pour la garantie de leurs Donations ; aussi la Loy n'a point fait de difference entre des Titres qu'elle ne connoît pas, qu'elle a prohibez & qu'elle a revoquez tous en general. C'est

pour cela encore que pour faire l'évalua-
tion des biens sujets à la Legitime, elle
compte tous ceux que le pere a donnez,
& elle revoque la premiere donation comme la derniere, elle amasse un fond beaucoup plus que suffisant pour payer cette
dette privilegiée, parce que s'étant renduë
caution, pour ainsi dire, envers le Legitimaire en cette occasion, pour luy assurer un
bien dont elle a pû luy retrancher une partie, mais qu'elle n'a pû luy oster entierement, elle veut l'indemniser en quelque
sorte par une voye prompte & facile de
cette moitié de sa portion hereditaire
qui luy appartenoit selon le veu de la
nature. En effet il n'y a aucun texte en
Droit ny dans nos Coûtumes, qui ait
chargé le Legitimaire de discuter si c'est
la premiere ou la seconde Donation qui
est inofficieuse à son égard ; il n'est point
obligé d'entrer dans le détail de la fortune
de son pere pour en distinguer tous les differens états si incertains par eux-mêmes
que le pere s'y trompe souvent le premier,
parce que la valeur des biens qu'il possede
n'est jamais fixe, & que la fortune & la solvabilité de ses debiteurs est toûjours dou-
teuse, ensorte que si la Loy eust obligé le
Legitimaire à cette discussion, pour sça-

voir précisément quand son pere a commencé, comme on dit, d'entamer le fond destiné à sa Legitime, elle l'auroit reduir à l'impossible. C'est pourquoy par une précaution tres-sage, elle n'a point eu d'égard à l'état des biens du pere durant sa vie pour sçavoir si la Legitime est blessée par la premiere ou par la derniere Donation, elle n'a consideré que l'instant de sa mort, auquel sa fortune devient certaine, parce qu'il n'est plus en état d'acquerir ou de perdre. Ce n'est que dans ce moment qu'on connoist ce qui luy reste de biens effectifs, & c'est sur ce pied que sa succession se partage. D'ailleurs le Legitimaire n'a point d'action jusqu'à ce jour, parce que le pere jusqu'à sa mort est le Maître de ses biens, il peut n'en laisser aucuns, & même priver ainsi tous ses enfans de la Legitime ; & au contraire, s'il a possedé ou acquis des biens, & qu'il les ait épuisez par des Donations entre-vifs au profit de quelques-uns de ses enfans. Il peut dans la suite de sa vie en acquerir d'autres pour la remplir. Enfin il peut arriver qu'il laissera une succession si avantageuse que les Donataires aimeront mieux rapporter leurs Donations pour se porter ses heritiers que de s'en abstenir : mais quand il ne se trouve aucuns biens dans la succession, la Loy sans difference du temps , revoque toutes les dispositions qu'il a faites comme inofficieuses, *reipsá* , parce qu'il est évident seulement en ce temps-là, que si l'une de ses Donations, soit la premiere où la derniere, n'eust point été faite. Le fond destiné à la Legitime , se trouveroit dans sa succession.

J'ajoûte que la Legitime est un Preciput de la nature & de la Loy tout ensemble, sur tous les biens du pere, si on la regarde par rapport aux Donations faites aux autres enfans, sur lequel Préciput le pere n'a nul pouvoir, parce que non seulement il tient lieu aux Legitimaires de leur portion hereditaire, qu'il ne peut leur oster que par la voye de l'exheredation, mais parce que la Legitime luy a été reservée par la Loy comme un titre d'honneur qui marque sa qualité de fils, aussi est-ce pour cela qu'elle luy doit être laissée à titre d'heritier & non de legataire, en proprieté & sans aucune charge ; ainsi l'aîné a un Préciput dans les biens nobles de son pere, qui marque sa qualité d'aîné, qu'il a receu de la nature indépendamment de luy, en venant

au

au monde avant ſes freres. De même quand un fils n'a point merité par ſa
conduite d'être exheredé, le pere ne peut
ſe diſpenſer de le reconnoître pour ſon
fils, en luy laiſſant cette portion modique fixée par la Loy en faveur de cette
qualité de fils. Tous les autres enfans
donataires ſont auſſi remplis de leur Legitime & au delà par leurs Donations,
mais quand elles ſont préjudice à celle
de leur frere, elles luy deviennent inju-
rieuſes, parce qu'elles luy oſtent cette
portion des biens du pere commun, qui
ſert à le diſtinguer des étrangers, & qui
luy aſſure la qualité de fils, & celle de
frere des Donataires. Ainſi il eſt en
droit de ſe plaindre de ſon pere, parce
qu'il l'a oublié, & de ſes freres, parce
que tous luy ont fait la même injure,
en le dépoüillant de ce que la nature &
la Loy luy avoient reſervé indépendamment de la liberté qu'avoit le pere de
diſpoſer de ſes biens. La Legitime doit
donc être regardée comme un Préciput
par comparaiſon aux Donations, parce
qu'elle en a tous les privileges, & qu'elle doit être priſe avant elle & ſur tout
le patrimoine du pere, d'autant qu'elle
eſt comme le titre de la filiation du

D

Legitimaire, au lieu que chaque Donation n'est qu'un titre de pure liberalité, qui marque seulement la prédilection du pere, qui peut se tromper, parce qu'il peut se laisser prévenir ; au lieu qu'il ne peut manquer en laissant la Legitime à un fils qui n'avoit point démerité.

De plus, la Legitime tient lieu d'alimens au Legitimaire, *Debitum bonorum subsidium* ; & le pere ne peut les luy refuser sans devenir homicide de celuy à qui il a donné la vie. En effet, le premier devoir du pere est de nourrir ses enfans ; le second est de les établir, & quand il fait une donation à l'un d'eux, il est présumé luy donner d'abord ce qui est necessaire pour ses alimens, parce que c'est une dette indispensable, & s'il luy donne des biens au delà, il ne peut les recevoir qu'à la charge de rendre au Legitimaire sur ce qui luy a été donné, ces mêmes alimens, & cela sans distinction de la premiere ou de la seconde Donation, à cause du privilege de cette dette ; tous ceux qui sont tenus des alimens, en étant tenus solidairement & sans discussion.

D'ailleurs le premier Donataire, soit

qu'il foit l'aîné, ou non, ne peut prétendre de n'être tenu que fubfidiairement de fa Legitime aprés la difcuffion des autres Donataires, parce qu'il a en luy deux qualitez qui repugnent formellement à cette prétention.

La premiere eft celle du fils du pere commun debiteur de la Legitime;car cette qualité de fils le rend coheritier du pere, auffi bien que tous fes autres freres Donataires à l'égard du Legitimaire, par trois raifons.

1. Parce que le Legitimaire eft conftamment, *Heres in legitima*; d'où il s'enfuit que les freres des Donataires, qui font déja remplis de leur Legitime par leurs Donations, font fes coheritiers à cet égard, parce qu'ils font tous faifis également de leur Legitime indépendamment de leurs Donations, qui font des tittres gratuits, de pure volonté, &poftérieurs qui ne dépendent point de leur qualité de fils;ainfi quand le Legitimaire leur demande fa Legitime, on peut dire que ce n'eft pas,à proprement parler,comme à des Donataires qu'il la leur demande, mais comme à des coheritiers, & cette qualité de coheritiers eft feparée & diftinctes de celle de Donataire, parce qu'ils font tous

reputez entr'eux *heredes in legitimâ*, & qu'ils font déja remplis de leurs Legitimes par le moyen de leurs Donations, qui ne fe peuvent même appeller Donations, qu'en ce qu'elles excedent leur portion heredi-taire. Si donc la Legitime de l'un d'eux fe trouve épuifée au jour du deceds du pere par les Donations qu'il a faites aux autres, ils en font tous tenus perfonnel-lement envers le Legitimaire, fans au-cun recours de garantie les uns envers les autres en cette qualité de coheri-tiers du pere commun, qui devoit égale-ment la Legitime à tous.

Et il ne faut point dire que c'eft le dernier Donataire, qui comme déten-teur du fond deftiné à la Legitime, doit être le premier tenu de la remplir : car pourquoy même entrer en con-noiffance fi le pere a donné, ou non ? il faut que la Legitime fe retrouve en nature, du moins il faut refaire une maffe nouvelle de tous les biens du pe-re, les repartager de nouveau, & com-mencer par reprendre fur le total la Le-gitime de chacun des enfans Donatai-res, avant que les Donataires reprennent chacun ce qui leur a été donné. Et voilà fans doute ce que la Loy a entendu dire

quánd elle a revoqué dans ce cas toûtes
les Donations fans exception, & fans.
marquer qu'il falloit difcuter la derniere
avant la premiere.

2. Il ne faut point confiderer dans le
premier Donataire, non plus que dans
le dernier, cette qualité de Donataire,
parce que la Loy n'à point eu d'égard à
cette qualité, quand elle a introduit la
querelle d'inofficiofité contre les Donations. En effet, elle l'a introduite à l'e-
xemple de celle contre les Teftamens inofficieux, qui a lieu contre les heritiers
avantagez par le pere au préjudice de la
Legitime. Or elle n'a eu en veuë dans
l'une & dans l'autre action que la qualité
de fils de même pere, qui eft une qualité qui emporte une relation necefſaire
du pere aux enfans, & des enfans entr'-
eux tous, qui les aſſüjettit au payement
d'une dette qui a ſon principe dans la
nature qui les unit, & qui ne fait pref-
que qu'une perfonne de plufieurs par la
communication du même fang, de la même fortune, & des mêmes interefts, & cette nouvelle qualité de Donataire furve-
nuë à quelques-uns, ne peut détruire cette
relation, qui eft une qualité naturelle, &
par confequent necefſaire, qui ne peut

souffrir aucun changement ny aucune inégalité entre ceux entre lesquels elle subsiste également indépendamment du pere Donateur, & des enfans Donataires.

3. On ne peut pas douter que la Legitime ne tienne lieu au Legitimaire de toute sa portion hereditaire ; donc elle doit luy être renduë en la même maniere & par les mêmes voyes qu'il l'auroit euë si ce pere n'avoit point disposé. Or puisqu'il est certain, comme il a été remarqué cy-dessus, que par la survenance de chaque enfant la part de chacun de ceux qui sont déja nez décroît à proportion en sa faveur, & non pas la part du dernier né seulement. Pourquoy ne suivra-t'on pas le même exemple & le même ordre pour remplir la Legitime, qui n'est autre chose qu'un retranchement de cette portion hereditaire, puisque cet ordre de succeder est celuy de la nature & de la Loy, dans le partage ordinaire de la succession paternelle. Pour conserver l'égalité entr'eux, du moins autant qu'elle le peut être en ce cas, étant certain que le Legitimaire est saisi *ipso jure* de sa Legitime à l'instant de la mort de son pere, & qu'en qualité d'heritier, il peut demander partage à ses freres nonobstant leurs

Donations, dont la date eſt indifferente
en ce cas, toutes ces Donations devant être
conſiderées comme des partages anticipez
qui ſont ſujets à rapport de leur nature en
faveur du Legitimaire qui n'y a point été
appellé, & qui quand il ne ſe trouve aucun
bien dans la ſucceſſion du pere, eſt préſumé
par la Loy poſſeder par indivis avec les Donataires les biens à eux donnez, comme
faiſant partie de ſa portion hereditaire,
quoy qu'ils n'appartinſſent plus au pere
donateur au jour de ſon deceds. Auſſi en
eſt-il ſaiſi au préjudice de leurs Donations,
qu'elle revoque à l'effet de fournir la Legitime, & ce n'eſt pas par la date des diſpo-
ſitions du pere, qui a partagé inégalement
ſes biens, que l'on juge qu'une de ſes diſ-
poſitions eſt ſujette à rapport ou ne l'eſt
pas ; au contraire elles y ſont toutes ſu-
jettes indiſtinctement, parce que toutes
enſemble compoſent la maſſe des biens
du pere, *antequans donationum faceret*,
dit la Novelle 92. leſquels biens par
conſéquent devoient ſe partager également, du moins à concurrence de la Legitime de chacun des enfans. Or du moment qu'il y a de l'inégalité & une le-
ſion énorme dans un partage, il eſt revocable, parce que ce n'eſt plus un par-

tage tous ceux qui ont trop receu, font
obligez de rapporter, à quelque titre
qu'ils ayent receu, & en quelque qualité
que ce puisse être, parce que ce font des
copartageans, ce qui doit avoir lieu, no-
tamment à l'égard de la Legitime, en faveur de laquelle chacun de ceux qui ont
trop receu doivent rapporter. Et fi la le-
zion du tiers au quart, fuffit pour faire revoquer un partage, lors même qu'il eft fait
du confentement de tous les copartageans.
Pourquoy le Legitimaire n'aura-t'il pas ce
même privilege, luy qui n'a point été appellé à ce partage des biens donnez, & qui
a été privé entierement de fon lot, d'autant plus que tous les Donataires ne meritent aucune faveur à fon égard, parce qu'ils
ont tous partagé & profité entr'eux de la
moitié de fa portion hereditaire. En un
mot le premier Donataire, non plus que
les autres, ont-il bonne grace de difputer
entr'eux à qui luy rendra le dernier cette
portion modique que la Loy luy a re-
fervée ? eft-ce dans une dette de cette
qualité fondée fur la raifon naturelle, &
en faveur de laquelle la Loy s'eft démen-
tie elle-même, en violant les maximes
les plus certaines, puifqu'elle a revoqué
des Donations, qui font de leur nature
irrevocables

irrevocables par le droit des gens, qu'il
faut appliquer les maximes de rigueur
qu'elle s'est prescrite pour le payement
des dettes ordinaires, à l'égard desquelles
elle n'a eu en veuë qu'une justice exacte
& rigoureuse, ce qui l'oblige de se déterminer par la date de chaque créance pour
constituer une priorité ou posteriorité
d'hypoteque entre plusieurs creanciers,
dont les biens, la fortune, & les interests
n'ont rien de commun, dont les dettes
ont des causes toutes differentes, ou des
privileges particuliers. La date des Donations efface-t'elle aprés tout, la qualité
de frere dans le premier Donataire, plûtost que dans le dernier? ce qui est deu
par le droit du sang, se regle-t'il par les
maximes des hypoteques? La Legitime
est-elle une matiere où la garantie puisse être proposée entre freres, & quel privilege peut avoir l'un d'eux pour s'exempter d'y contribuer? A parler le langage
de la nature, (que ceux qui soûtiennent
la discussion, témoignent entendre si
peu) le premier Donataire devient-il é-
tranger à son frere legitimaire & aux autres Donataires, parce qu'il à eu l'avantage d'être Donataire avant eux? Peut-il
leur dire, *Prior tempore, potior jure* ; cette

E

maxime est-elle de droit naturel ? qui
doit seul décider dans cette question , &
doit-il être déchargé de la Legitime,
parce qu'il en a le premier épuisé le
fond ? Par quelle Loy ? Par quelle stipulation ? les derniers Donataires sont-ils
garands des biens qui luy ont été donnez , & quelle priorité ou posteriorité
peut-on d'ailleurs établir ? entre des titres que la Loy ne connoît point , qu'elle
a prohibez, & qu'elle a regardé comme
s'ils n'avoient point été faits, puisqu'elle les revoque tous sans distinction. D'ailleurs quelle relation & quelle dépendance peut-il y avoir entre des Donations
pour les assujettir à une garantie respective entr'elles ? ne sont-ce pas des actes
separez, tous également irrevocables, &
translatifs de propriété ? ce n'est que par
l'autorité absolue de la Loy qu'elles sont
sujetes à la Legitime, si elle eust voulu
une discussion en faveur du premier Donataire, ne s'en seroit-elle pas expliquée,
que si on oppose qu'elle oblige en certains cas de discuter les derniers acque-
quereurs avant les premiers, ne voit-on
pas qu'il y a une difference toute entiere , en ce qu'elle ne revoque point les
Contrats d'acquisition du premier ny du

dernier acquereur , qui subsistent toûjours dans leur entier; au lieu que si elle les annulloit tous , il n'y auroit plus de discussion à opposer au creancier hypotequaire du vendeur, & il se payeroit sur le total des biens alienez, comme le Legitimaire doit se payer indirectement sur tous les bien donnez à son préjudice. Au lieu de cela , le creancier est obligé de discuter l'un aprés l'autre chaque acquereur particulier, suivant les dates de leurs Contrats, il n'en est pas de même de la Legitime , la Loy annulle & revoque de plein droit toutes les Donations en sa faveur, elle regarde le Legitimaire comme un creancier anterieur à toutes les Donations, & même comme un creancier privilegié sur les biens donnez, à cause de sa qualité de fils, lequel par consequent n'est tenu d'aucune discussion.

J'ajoûte qu'il seroit même contre les maximes de la discussion d'assujettir le Legitimaire à discuter par ordre de date, des biens qui n'appartenoient plus à son debiteur lors de sa mort, puisqu'il les avoit donné entre-vifs, & on ne peut établir une garantie entre les Donataires sans stipulation, & sur des biens qui ne sont plus existans, & qui n'appartien-

E ij

nent plus au pere debiteur de la Legitime au jour de sa mort, encore moins sur des biens que la Loy ne fait rentrer dans la masse du patrimoine du debiteur, que par autorité absoluë pour les confondre tous, & prendre par préciput sur le total une dette privilegiée. Enfin le premier Donataire est-il donc luy-même creancier privilegié du pere commun ou anterieur au Legitimaire, & aux autres Donataires ses freres, en vertu de sa Donation, pour pouvoir s'exempter de contribuer à la Legitime, & leur opposer la discussion. Tous les enfans ne sont-ils pas creanciers de leur Legitime sur les mêmes biens, du même debiteur, qui est le pere commun, & du même jour qui est celuy de son deceds. Et comment un debiteur peut-il par son propre fait, de sa seule autorité, & par un acte posterieur, établir un ordre, une discussion, & une garantie respective en faveur de quelques-uns de ses creanciers au préjudice des autres, quand ils sont tous également privilegiez. On veut cependant que le pere l'ait pû faire, & même qu'il l'ait fait, du moins tacitement, en faveur du premier Donataire, sans que ny luy ny le premier Donataire l'ayent stipulé, & c'est ce qui ne se doit nullement présumer, sur tout, à l'égard d'un pere entre ses enfans, qu'on doit croire les avoir, également aimez, puisqu'il les a honorez tous de ses liberalitez, autant que ses facultez le luy ont pû permettre.

LA SECONDE QUALITÉ, qui oblige le premier Donataire de contribuer à la Legitime, comme le dernier, est celle de frere du Legitimaire, parce que la Legitime luy tient lieu d'aliment, que cette qualité de frere l'oblige de luy fournir, *jure sanguinis*, du moins en qualité de Donataire de son pere. Cette obligation naturelle est marquée dans la Loy 13. D. 37. *De administ. & peric. Tut.* Et la Loy. 4. T. 4. *Ubi pupillus educari*, qui approuvent la conduite du Tuteur qui avoit fourny des alimens au frere de son pupille, parce qu'il n'avoit fait en cela, disent-elles, que l'acquitter d'une dette legitime : faut-il en effet que des freres donataires, qui ont profité de la moitié de la portion hereditaire de leur frere, qu'ils ont réduit par leur fait à la Legitime, le regardent encore comme un creancier étranger, auquel on peut opposer la discussion ; & ne suffit-il pas qu'il leur dise

que cette discussion est déja faite à son
égard, puisque son debiteur, qui est leur
pere commun, n'a laissé aucun bien pour
remplir la Legitime, & qu'ils sont tous
détenteurs des biens qui y sont sujets.
Le premier Donataire qui le renvoye à
la porte de son frere mandier les alimens
qu'il luy doit , & qu'il a l'inhumanité
de luy refuser, merite-t'il de porter le
nom de frere *a*, qui marque que c'est
un autre luy-même, & la qualité de Donataire, & de premier Donataire, ne l'o-
blige-t'elle pas plûtost que les autres d'a-
vancer ses alimens, parce qu'il a profité
plus que tous les autres pour l'ordinaire, & avant tous, des biens qui y étoient
sujets : *Vincat enim pietas vis sanguinis*
compellat , natura ipsa , quasi amaris ma-
nu, in jus suum trahat. *b*

C'est aussi dans cette occasion où il faut
entrer dans l'esprit de la Loy. Or n'est-
il pas évident que si elle a nommé cette
action pour la Legitime, une plainte, à
l'exemple de celle qu'elle avoit accordée
auparavant dans le cas des Testamens inofficieux, c'est qu'elle a regardé les donations du pere comme une seconde ten-

---

a Frater fric alter.
b Salvien l. 3. ad Ecclesi tam.

tative qu'il a mis en usage pour éluder
l'effet de sa juste prévoyance, ainsi qu'elle s'en est expliquée en plusieurs endroits,
& cette nouvelle injure qu'elle a receu,
& à laquelle elle ne devoit pas s'attendre, ne luy doit-elle pas être encore plus
sensible que la premiere ? Quelle apparence donc que dans un sujet de plainte si bien fondée, elle n'ait pas compris
tous les Donataires qui sont tous com-
plices de la faute du pere, puisqu'ils ont
profité de ses dispositions au préjudice
de la reserve qu'elle avoit fait de la Legitime sur tous ses biens. Ce seroit mal
comprendre le sens de cette plainte , &
n'entrer pas assez dans le juste ressenti-
ment qu'elle a de cette voye indirecte
dont le pere s'est servi pour tromper
une seconde fois, que de supposer qu'elle a fait une exception en faveur du premier Donataire, qui a le premier blessé
l'égalité qu'elle vouloit conserver entre
luy & ses freres, & de croire qu'elle ait
voulu ainsi récompenser en quelque sorte celuy qui mérite le plus de ressentir
les effets de son Indignation.

D'ailleurs quand il n'y auroit que la
consideration de de grand nombre de
procés dans lesquels le Legitimaire se

trouveroit indifpenfablement engagé s'il étoit obligé à difcuter les Donataires les uns aprés les autres. Ne devroit-elle pas fuffire pour faire admettre la contribution, qui eft une voye facile, prompte, pleine d'équité & de juftice, qui partage la charge commune entre tous ceux qui la doivent porter, afin de la rendre fupportable à tous. Car fi l'on admettoit la difcuffion, ne feroit-ce pas autorifer tous les Donataires chacun à leur tour, à luy faire une infinité de chicanes; les derniers prétendront qu'ils n'ont receu fimplement que leur Legitime par la Donation qui leur a été faite, parce que les biens qui leur ont été donnez ont été eftimez au delà de leur jufte valeur, ou qu'ils en ont été évincez par des creanciers, ou qu'ils les ont alienez de bonne foy, & que les acquereurs les ont prefcrits; ce fera un recours de garantie refpectif des uns aux autres, une guerre civile entre freres, & une involution de procés dans le cas d'infolvabilité de l'un des Donataires. Cependant le Legitimaire fe trouvera infenfiblement réduit à l'extrémité contre l'intention de la Loy, par les frais & la longueur d'une difcuffion fi injufte en elle-même, fi em-

brouillée par la mauvaise foy des Parties, & si odieuse entre freres, entre lesquels il ne faut rien tant ménager que
la paix & la concorde, parce que la dis-
sention & l'envie ne leur sont que trop
naturelles. En un mot ce sera obliger
indirectement le Legitimaire, pour évi-
ter sa ruïne entiere & se mettre en re-
pos, d'abandonner encore aux Donataires une partie de cette portion modique
que la Loy luy a déja retranché de sa part
hereditaire, & à qui elle n'a donné le
nom de Legitime que parce qu'elle a
jugé qu'il n'étoit pas permis d'en rien
diminuer en quelque maniere que ce fût
sans une visible injustice.

A TOUS CES ARGUMENS, il en faut
ajoûter un autre qui est décisif, & qui est
tiré de l'esprit du Droit Coutumier.

Il est certain qu'en Droit Romain, l'indépendance de chacun dans la disposition de ses biens, étoit la premiere veuë
& la fin de toutes les Loix. Celle des
douze Tables permettoit de disposer de
tout son patrimoine, même par Testament. La puissance du pere sur ses enfans étoit excessive, il avoit droit de vie
& de mort sur eux, il les pouvoit ven-
dre pour se liberer de ses creanciers. Dans

la suite ce pouvoir excessif fut moderé, on accorda une Legitime aux enfans dans le cas du Testament inofficieux, & ensuite dans le cas des Donations entre-vifs faites par le pere au préjudice de la Legitime : mais ce même esprit d'indépendance a toûjours regné & regne encore dans les Loix Romaines, & aucune n'a eu pour but l'égalité entre enfans, mais seulement de conserver au pere, autant qu'il a été possible, la liberté de disposer de ses biens à sa volonté.

L'esprit de nos Coutumes est tout different, plus conformes en cela, à la nature que le Droit Romain, elles n'ont eu d'autre but, que de moderer l'autorité des peres à cet égard, & les obliger à faire un partage égal entre ses enfans, parce que l'expérience n'a que trop fait connoître, que le pere est souvent un mauvais Juge de la vertu & du merite de ses enfans, & que lors même qu'ils meritent d'être avantagez, les mesures qu'il prend pour les établir aux dépens des autres sont pour l'ordinaire fausses, mal concertées, & funestes par l'évenement à sa Famille. C'est pourquoy elles ont donné des privileges si singuliers à la Legitime, elles l'ont arbitrée à une quotité plus équitable que celle du Droit Romain, parce qu'elle approche plus de l'égalité, & pour faire souvenir le pere de conserver cette égalité entre ses enfans, elles ont reputé les Donations qu'il peut faire à quelques-uns d'entr'eux, comme faites en avancement d'hoirie, parce qu'elles ont souhaité que les Donataires rapportassent un jour leurs Donations à sa succession, & dans le cas auquel le Donataire voudroit y renoncer, elles luy ont permis à la verité de se tenir à son don, mais à la charge expresse de rapporter ce même don en faveur de la Legitime, comme étant une dette privilegiée & anterieure à toutes les Donations fur lesquelles elle se doit prendre.

D'où il s'ensuit que suivant l'esprit & le vœu de nos Coutumes, l'effet de la premiere & de la derniere Donation est comme suspendu pendant la vie du Donateur jusqu'au jour que sa succession est ouverte par sa mort, parce que la Coutume présume que cette Donation n'a été faite par le pere qu'en avancement d'hoirie, elle le regarde comme un partage anticipé de sa succession, & le Donataire comme un heritier présomptif, & quoy qu'il puisse renoncer à la succession,

elle ne préfume point qu'il fe tiendra à
fa Donation, parce qu'elle ne le fouhai-
te pas. Donc à proprement parler, le fils
avantagé durant la vie du pere Donateur,
n'eſt ny heritier, ny Donataire, & il eſt
incertain lequel il fera des deux ; l'une
de ces deux qualitez ne peut avoir encore lieu, parce que le pere eſt en vie, &
l'autre eſt incertaine, parce qu'il y peut
renoncer au jour du deceds du Donateur
pour prendre l'autre, tout dépend donc
de fon option. Ou pour mieux dire, cette option dépend elle-même d'un évenement incertain, qui eſt l'état auquel fe
trouvera la fortune du pere au jour de
fa mort, car s'il laiſſe une fucceſſion ri-
che & abondante, les premiers Donataires comme les derniers, ne manqueront
pas pour leur intereſt particulier, de rapporter les biens qui leur ont été donnez,
afin de partager la fucceſſion ; & fi au
contraire le pere ne laiſſe aucuns biens,
ils fe tiendront à leur don, & renonce-
ront à la fucceſſion.

Or eſt-il juſte que le premier Donataire, qui peut profiter comme le dernier par cette option, quand la fucceſſion
fe trouve plus avantageufe que la Donation qui luy a été faite, foit de meilleure

condition que les autres Donataires,
quand il ne se trouve aucuns biens dans
cette succession pour remplir la Legitime.

Quand le succés d'une chose dépend
d'un évenement incertain ; le risque ne
doit-il pas être égal, soit pour le gain,
soit pour la perte, entre ceux qui y peuvent prendre part. Le premier Donataire, aussi bien que le dernier, ont été
reputez heritiers présomptifs du Donateur
pendant sa vie, suivant le vœu de la Coutume, qui a prétendu qu'en cette qualité il
rapportast sa Donation à la masse ; & c'est
dans cette premiere veuë qu'elle a permis au pere, pour le bien de ses affaires
domestiques, de faire par avance un partage inégal de ses biens, donc elle espe-
roit que l'inégalité seroit réparée par le
rapport des biens donnez à sa succession.
Si elle a été forcée de consentir ensuite
que le Donataire ne les rapportast point,
& qu'il pust se tenir à son don, ce n'a
été qu'à deux clauses indispensables.

La premiere de renoncer à la succession.

La seconde, de contribuer à la Legitime, ce qui semble d'abord se contredi-
re, car s'il renonce à la succession, il ne

peut être tenu de supporter une charge
qui est survenuë depuis sa Donation,
puisque la Legitime n'est deuë que du
jour de la mort du pere ; mais cela n'a été
ordonné ainsi , que parce que la Loy a
voulu que le Donataire, quoy qu'il renonce , fût reputé heritier à l'égard du
Legitimaire, & tenu envers luy de cette
dette du pere commun. Il suffit qu'il
n'ait tenu qu'à luy d'être heritier , &
qu'elle ait eu lieu de présumer qu'il le seroit, pour qu'il ne puisse s'exempter de
contribuer à la Legitime, qui est une reserve de la Coutume sur tous les biens du
pere , indépendante des dispositions qu'il
a pû faire , comme on le peut induire
des termes de l'Article 298. de la Coutume de Paris.

Et il ne faut point dire pour la deffence des premiers Donataires que l'établissement d'un aîné , ou d'un puisné, qui a
été avantagé le premier par son pere,
merite toute une autre faveur que celuy
des derniers Donataires , parce que par
le moyen de cette premiere Donation,
il est devenu l'appuy de sa famille , ou
parce que la dot de sa femme , n'ayant
été fournie qu'en consideration des biens
qu'on luy donnoit, & de ceux qui restoient

au pere pour fournir la Legitime à ſes autres enfans. Ce ſeroit donner atteinte à un Contrat de mariage inviolable, & à une Donation entre-vifs irrevocable faite dans un temps où il n'étoit pas permis de prévoir le cas de la Legitime des autres enfans, le pere ayant lors des biens pour la remplir.

Car 1. la Coutume a répondu en quelque ſorte à cette objection dans un cas à peu près ſemblable.

Ce cas arrive, quand dans la ſucceſſion des peres, il ſe trouve pour tous biens un Manoir en Fief, un aîné & des puiſnez; car il eſt certain qu'en ce cas le Manoir appartient à l'aîné entierement comme ſon Préciput & droit d'aîneſſe, c'eſt une ſeconde Legitime que la Loy luy donne par preference à tous ſes freres, à laquelle le pere même ne pouvoit donner atteinte; cependant dans cette eſpece, la Loy ne laiſſe pas le Manoir à l'aîné purement & ſimplement, quoy qu'il en ſoit ſaiſi de plein droit, & comme heritier de ſon pere & comme ſon aîné, c'eſt-à-dire comme Donataire de la Loy même; elle n'a point d'égard à cette Legitime qu'elle luy avoit deſtiné, elle revoque ſon bien-fait, pour ne pas

blesser l'égalité qui est deuë aux autres
enfans, & pour suivre le plus prés qu'elle peut les mouvemens de la nature, elle
l'oblige de fournir la Legitime aux autres puisnez sur ce même Manoir, pour
nous marquer quel est son esprit quand
il s'agit de remplir la Legitime, qui est
de tout revoquer sans exception, pour
n'y point préjudicier. D'où on peut conclure que quand le pere a épuisé ses biens
par des Donations immenses, quoy qu'il
n'ait point eû d'autre dessein que celuy
de la Loy quand elle a introduit le droit
d'aînesse, c'est-à-dire de soûtenir le nom
& l'éclat de sa Famille, il ne faut pas
laisser de revoquer toutes ses dispositions
sans distinction de crainte de blesser en
quoy que ce soit la Legitime qui est pré-
ferable en tout, à l'établissement de sa
Famille.

J'ajoûte que comme la Coutume a
trouvé juste, pour donner moyen au pere
d'établir les Donataires, de luy permettre de faire contribuer en quelque sorte
les enfans Legitimaires à leur établissement, en luy permettant de disposer de
ses biens, à concurrence de la moitié de
la portion hereditaire destinée à chacun
d'eux, il est juste aussi que quand le pere

a

a'excedé le pouvoir qu'elle luy a donné, en ne laissant pas le fond destiné à la Legitime, les Donataires qui ont profité tous de la moitié de la portion hereditaire du Legitimaire, contribuent aussi tous sans distinction à remplir la Legitime à concurrence de ce qu'ils ont profité.

Quant à la dot de la femme du premier Donataire, elle ne merite pas plus de faveur que celle de la femme du second Donataire, puisque la seureté de cette seconde dot, est aussi la Donation faite à son mari par son Contrat de mariage : aussi on ne s'avise pas lors d'une seconde, ny d'une troisiéme Donation, de faire Inventaire avec le beaupere des biens qui luy restent, pour sçavoir s'il en a encore de suffisans pour fournir la Legitime aux autres enfans : on ne l'oblige pas de declarer ses dettes, on n'entre pas dans le détail exact de l'état de ses affaires, parce qu'on n'a en veuë que les biens qu'il donne pour seureté de cette dot, on ne s'avise pas aussi de faire renoncer les autres enfans qui restent à pourvoir, à la garantie pour leur Legitime ; on n'interdit pas le pere Donateur de pouvoir disposer de ses biens dans la suite ; on sçait qu'il peut se remarier &

F

avoir d'autres enfans à qui il faudra rendre la Legitime sur les biens qu'il donne, il peut même les perdre tous par un cas fortuit. Enfin on ne peut ignorer qu'il a fait une donation immense à son aîné, cependant on ne laisse pas de constituer une dot à la femme du second Donataire proportionnée à la Donation que son pere luy a faite. Parce qu'en un mot, si le Donateur n'a pas de biens suffisans lors pour remplir la Legitime des enfans qui restent à pourvoir; il peut en acquerir de nouveaux, il peut luy en écheoir par succession ou autrement, qui empescheront la querelle d'inofficiosité. Ajoûtez que si les dernieres Donations étoient seules chargées de la Legitime, il s'ensuivroit que le pere ne pouvoit disposer librement de ses biens que par la premiere Donation, & qu'ainsi il ne pourroit faire qu'un seul établissement avantageux dans sa Famille, parce qu'il n'y auroit que le premier Donataire seul qui fût à couvert de toute garantie. Or il est bien plus à propos, & plus conforme à l'esprit de la Loy de conserver au pere jusqu'à sa mort, la liberté de disposer de ses biens, suivant les occasions qui se peuvent presenter en faveur de plu-

fieurs de fes enfans, parce que fa fortune peut augmenter, & que le rifque de
tous les Donataires doit être égal , ils
peuvent tous profiter s'il acquiert des
biens, & même renoncer à leur don fi fa
fucceffion fe trouve plus avantageufe pour
eux, ils doivent donc tous contribuer à
la Legitime s'il n'en laiffe aucuns. La
premiere Donation comme la derniere,
eft préfumée faite à cette condition tacite, parce que cette charge a deu être
préveuë par le Donateur & par le premier
Donataire, qui n'ont pû ignorer la Loy
qui a fait cette referve fur tous les biens
dont le pere a difpofé.

Enfin on ne peut difconvenir qu'il y
a plufieurs cas dans lefquels on ne doit
pas avoir recours aux maximes ordinaires du Droit Civil pour fe déterminer,
mais aux principes du Droit naturel, qui
renferment cette fouveraine équité, qui
eft au deffus de toutes les Loix humaines
& pofitives. Monfieur Cujas fur le Titre
au Code *de Revoc. Don.* expliquant la
Loy *Si unquam*, que l'on peut citer pour
un exemple, *a* en rapporte encore trois

a L. cum Avus D. de cond. & demonft.
L. cum acutiffimi De fideicom.
L. generaliter. De inftit. & fubftit.

F ij

autres, dont la décision est uniquement
fondée sur le Droit naturel.

Il suffira d'examiner ici la Loy *Si unquam*, qui est la plus fameuse, & qui a
le plus de rapport à la Question dont il
s'agit. Cette Loy, comme l'on sçait, est
dans le cas de la Donation faite par un
Patron à un de ses Affranchis, ce Patron
se maria ensuite, il eut des enfans qui se
trouverent sans biens à cause de cette
Donation, on demandoit si elle étoit revocable.

Il est certain que si le Jurisconsulte se
fût déterminé par les principes du Droit
Civil, il eust décidé qu'elle étoit irrevocable, parce qu'une Donation étant
un Contrat Synallagmatique, le Donateur
n'y peut pas donner atteinte par son fait
malgré le Donataire. Cependant il décide qu'elle est revoquée par la naissance
des enfans du Donateur.

Monsieur Cujas au même endroit, dit
avec tous les Jurisconsultes, que cette
décision est fondée sur les sentimens de
la nature : *Conjecturâ pietatis paternæ*;
parce qu'il n'est pas à présumer que le
Patron eust donné son bien à un étranger, s'il eust eu en veuë qu'il se marie-
roit, & qu'il auroit des enfans. C'est

pourquoy il ajoûte que cette Donation, a
a quoy qu'e le fût conceuë en termes purs
& simples , devoit neanmoins être regardée comme renfermant la condition
tacite, qu'elle ne vaudroit qu'au cas que
par la suite le Donateur n'eust point d'enfans.

Or on convient que quoy que la fixa-
tion de la Legitime, soit de droit posi-
tif, elle est neanmoins deuë de droit naturel , qu'ainsi le pere ne peut y faire
préjudice , & que quand il a épuisé ses
biens par des Donations au profit de
quelques-uns de ses enfans, la Loy Civile veut même qu'on reprenne le fond
de la Legitime sur les biens donnez,
quoy que les Donations soient de leur
nature irrevocables.

La question est de sçavoir si la Loy
n'ayant point expliqué la maniere dont
on se doit servir pour reprendre le fond
des mains des Donataires, il faut se con-
former à sa disposition & aux maximes
ordinaires qui ordonnent la discussion,
en des cas à peu prés semblables, ou s'il
faut se déterminer par les principes de
l'équité naturelle, qui demande la Con-

---

a *Ut possit vere dicere huic Donationi quam orbus fecit,
inesse tacitam conditionem si liberos non habuerit.*

F iij

tribution de tous les Donataires à la Legitime. Et qui peut douter qu'on ne peut se dispenser, dans une matiere qui est toute de droit naturel, de suivre les sentimens de la nature ? Il faut donc raisonner en ce cas comme le Jurisconsulte dans celuy de la Loy *Si unquam*, c'est-à-dire qu'il faut uniquement consulter le jugement du pere Donateur, il faut regarder ce qu'il feroit luy même, s'il étoit Juge de cette Question, & il est indubitable qu'il ne manqueroit pas de choisir la voye de la Contribution par plusieurs raisons, & non pas celle de la discussion.

1. Parce que s'étant trompé dans la distribution de ses biens, en les épuisant par des Donations immenses au préjudice de la Legitime. Pour ne point détruire absolument ses Donations, qu'il peut avoir fait par de justes raisons, il ne pourroit trouver un moyen plus équitable & moins opposé à ce qu'il a fait, que celuy de la contribution par tous les Donataires à la Legitime de leur frere, qui ayans tous partagé, quoy qu'inégalement & en differens temps, le fond qu'il devoit reserver pour la remplir, doivent rapporter à la masse à propor-

tion de la valeur de ce qui leur a été
donné, & ce feroit en cette occafion que
connoiffant mieux l'état de fes biens, &
cet efpece d'erreur de calcul dans lequel
il eft tombé, en donnant trop aux uns &
ne laiffant rien pour le Legitimaire, il feroit en droit de faire un plus jufte partage,
& de reprendre fur chacun cette part de
leur frere qu'il a diftribuée entr'eux, fans
qu'aucun ofaft fe deffendre d'y contribuer fous pretexte de la priorité de fa
Donation.

2. Parce que la nature & la Loy l'ayant
chargé de cette dette envers le Legitimaire dés le moment qu'il en eft devenu le pere, il feroit en droit de dire à
tous les Donataires qu'ils doivent tous
contribuer à la payer, *Pro modo emolu-
menti*, fans diftinction des dates de leurs
Donations, parce que fi fa premiere Donation comme la derniere, n'euft pas
été faite, le fond de la Legitime fe trouveroit rempli, & ne pourroit-il pas ajoûter encore ? Que chaque Donation ren-
ferme cette condition tacite de fuppléer
chacune à la Legitime, au cas qu'au jour
de fon deceds il ne laiffaft pas des biens
fuffifans pour la payer, étant jufte que
tous contribuent à réparer la faute qu'il

a faite en leur faveur, en préfumant trop'
de fa fortune, dont l'état ne devient fixe qu'au moment de fa mort.

En un mot la contribution eft la voye
la plus naturelle, & la plus douce pour
reduire les chofes inégales entr'elles à
quelque forte d'égalité, la difcuffion au
contraire eft une voye dure, odieufe entre freres, qui ont tous un droit égal
par la nature fur le patrimoine de leur
pere. On doit donc préfumer que ce feroit celle qu'il choifiroit pour remplir
la Legitime, & que c'eft auffi par confequent celle qui doit être fuivie pour entretenir entr'eux l'efprit d'union & de
concorde, en les rendant tous garands,
fans exception, du payement d'une dette
qui n'a point d'autre Titre que la qualité de frere qui eft commune à tous.

CHAPITRE III.

Où l'on répond aux principales Objections des premiers Donataires.

MAIS, dit-on, toute Donation entre-vifs eft irrevocable, donc la
premiere Donation du moins ne doit
être

être revoquée que la derniere, & subsidiairement aprés que les autres auront
été discutées, suivant la Maxime de
Joannes Faber, que quand il y a priorité
de privilege, d'hypoteque ou de proprieté entre plusieurs personnes, cette priorité l'emporte, *prior tempore*, *potior
jure*.

Cette raison, qui est presque l'unique
que la plûpart des Docteurs ont avancée
pour soûtenir le parti de la discussion,
n'a qu'une vaine apparence de solidité.

Car il n'est pas vray, à proprement
parler, qu'il y ait une premiere, ny une seconde Donation du pere à ses enfans,
qui soient du jour de leur date, purement & absolument irrevocables, comme le sont toutes les autres Donations.
Au contraire, il faut les regarder comme
étant toutes *simul tempore & conditione*,
à l'égard du Legitimaire, parce qu'elles dépendent de l'évenement incertain
de la fortune du pere, ce n'est que du
jour de sa mort qu'elles commencent d'ê-
tre irrevocables, s'il y a des biens pour
les fournir, & s'il n'y en a point, la Loy
les revoque toutes, & non pas successive-
ment, comme on prétend, & ce n'est pas
là, le seul cas où elles sont revocables.

G

par le fait du pere Donateur; il y en a
plufieurs autres. Le premier eft celuy de
la furvenance des enfans aprés la premiere ou feconde Donation du pere à un é-
tranger; car il eft deu une Legitime à l'enfant né depuis. Mais s'il n'y a eu qu'un
feul enfant Donataire, il y contribue
feul, & s'il y en a plufieurs, ils y doivent
contribuer tous.

Le fecond cas, eft l'alienation volon-
taire ou forcée des biens qui étoient au
pere aprés la premiere Donation, & qui
fuffifoient lors pour fournir la Legitime
aux autres enfans. Cette revocation arrive par le fait du Donateur qui a mal
fait fes affaires, & cependant on demeure d'accord que s'il n'y a eu qu'une feule
Donation faite, elle eft revocable en cette
occafion, à concurrence de la Legitime.

3. Il y a un cas tout oppofé à celuy-
là, où le fait du Donateur donne auffi
lieu à la revocation de la premiere Donation, auffi bien que de la derniere, ou
du moins qui oblige tous les Donataires
pour leur propre intereft de renoncer à
leur don; c'eft quand le Donateur, pofte-
rieurement aux Donations qu'il a faites
acquiert des biens fi confiderables, que

tous les Donataires se portent heritiers
& acceptent sa succession. Il est vray que
la Legitime n'a pas lieu en ce cas, mais
il s'ensuit toûjours que c'est l'évenement
de la bonne ou mauvaise fortune du pere qui regle le sort des Donataires, ce
qui marque que leurs Donations ne
font donc irrevocables que sous condition. Enfin on demeure d'accord que la
premiere Donation devient revocable &
sujete à la Legitime par l'insolvabilité
des derniers Donataires, laquelle revocation n'arrive par le fait du Donateur, ny
par le fait du premier Donataire, mais
malgré luy.

Ce n'est donc point la date ny la priorité de la premiere Donation, qui la rend,
pour ainsi dire, plus irrevocable que les
dernieres, c'est l'état des biens du pere
lors de sa mort, ou l'état des biens & la
solvabilité des derniers Donataires dont
dépend son irrevocabilité, donc cette
qualité de premiere Donation est indifferente & ne luy donne aucun privilege
au dessus des autres; car s'il y a des biens
suffisans dans la succession du pere Donateur ou dans celle des derniers Donataires; on pretend qu'il ne faut point
remonter jusqu'à la premiere Donation,

par conſequent nulle Donation dans le
cas de la Legitime, n'eſt pure & ſimple
& irrevocable dans ſon origine, l'effet en
eſt ſuſpendu, elles ne ſont toutes irrevocables que ſous condition, c'eſt-à-dire
ſuppoſé que la Legitime n'ait point lieu;
or pour ſçavoir ſi elle aura lieu, cela dépend de l'état des biens du pere au jour
de ſa mort, c'eſt cet inſtant qui décide,
elles ne ſont irrevocables que de ce jour-
là. Elles ſont donc toutes *ſimul tempore*,
quant à leur irrevocabilité, puiſque l'u-
ne ne commence pas plûtoſt que l'autre
à devenir irrevocable, & c'eſt pourtant
dans cette ſeule irrevocabilité que conſi-
ſte toute l'eſſence de la Donation entre-
vifs; ainſi il n'y a aucune priorité entr'-
elles de privilege, d'hypoteque, ny de
proprieté. Le premier Donataire n'eſt
pas plûtoſt Donataire incommutable que
le ſecond, puiſque tout dépend de l'é-
venement des conditions cy-deſſus ex-
pliquées. Au contraire on peut dire que
la Maxime de Joannes Faber eſt entierement favorable à l'opinion de la contribution : car la Legitime, *quantum ad
obligationem*, étant de droit naturel, eſt
anterieure à toutes les Donations, par-
tant elle a un effet retroactif avant la pre-

miere comme avant la derniere, puisque
la Loy les a revoqué toutes sans distinction pour la fournir. Elle est donc *prior*
tempore, & elle est aussi *potior jure*, puisque les biens donnez aux Donataires ne
leur appartiennent qu'en vertu de leur
Donation, qui est un acte libre, & gra-
tuit, & non pas de necessité, comme est
la Legitime.

Surquoy d'ailleurs pouvoit être établi ce
recours de garantie qu'on accorde au Legitimaire sur le premier Donataire quand
il a discuté les derniers qui se trouvent in-
solvables? Pourquoy le premier Donataire
ne pourroit-il pas luy dire en ce cas que
c'est un malheur pour luy si les derniers
Donataires ont dissipé les biens sujets à sa
Legitime, parce qu'à son égard il ne possede que des biens libres qui n'en peuvent
être responsables, dautant que lors de la
Donation qui luy en a été faite, le Donateur avoit des biens plus que suffisans pour
fournir la Legitime; il faloit étendre la
faveur de la premiere Donation jusque-
là, & la décharger de ce recours du Legitimaire sur elle, en cas d'insolvabilité
des derniers Donataires, ou la confondre
avec les autres Donations qui l'ont suivi,
au lieu de l'exempter de la Legitime.

Car ou ce recours du Legitimaire ſeroit en ce cas fondé ſur l'autorité de la Loy, ou ſur la ſtipulation des Parties, ou ſur la nature & le privilege de la dette de la Legitime. On ſuppoſe, à l'égard de la ſtipulation, qu'il n'y en a eu aucune de la part du Donateur ny du Donataire; ce ſeroit donc par l'autorité de la Loy, & par le privilege & la nature de la dette, que l'on admettroit ce recours de garantie du conſentement des premiers Donataires, en cas d'inſolvabilité des derniers ſur ce qui leur a été donné, lequel cas arrive malgré le premier Donataire, & ſans qu'il y ait rien de ſon fait.

Et comment la Loy donneroit-elle ce recours de garantie, ſi ce n'eſt parce que ce privilege de la Legitime ſur les biens donnez, à ſon principe dans la nature, étant une dette anterieure à la premiere Donation, laquelle y eſt par conſequent ſujete comme toutes les autres, & c'eſt auſſi par la force de ce privilege que les premiers Donataires doivent conclure que la Loy par ſon autorité abſoluë a donné atteinte à toutes les Donations qui ſont irrevocables de leur nature, & qu'on ne peut reſtraindre ce privilege aux dernieres Donations, puiſque la Loy ne l'y a point reſtraint.

Enfin pour établir une exception quand la Loy a parlé en termes generaux, il faut faut une autre Loy qui ait admis précisément cette exception, sans cela il n'est pas permis de la recevoir : *Ubi lex non distinguit, nec nos distinguere debemus*, dit Bartole *ad L. 68. D. de public. in rem actione*. M. Cujas sur la Loy *Gallus D. l. 28. De liberis & posthumis*, dit expressément, *Jus Civile strictum nec suppletur, nec distinguitur sine certa Lege aut constitutione*. Du Molin *Tract. de Divid. & individ. part. 3. n. 219*. confirme cette Maxime par les textes des Loix qu'il rapporte, aussi n'est-il pas permis, dit-il, de rien ajoûter au Texte des Coutumes : *Statuta tantum disponunt quantum loquuntur*, T. des Fiefs §. 1. Gl. 4. Et M. d'Argentré luy-même, que l'on cite pour le party de la discussion, est aussi de même avis art. 315. Coutume de Bretagne.

Cela supposé, ou est le texte des Loix Romaines ou de nos Coutumes, qui ait parlé de la discussion des derniers Donataires dans le cas dont il s'agit.

Le §. *Imperator D. de Legatis* 2. qui a introduit la querelle d'inofficiosité contre les Donations, & qui devroit en avoir parlé si la Loy l'eut prétendu, en a-t-il

dit un feul mot, tout le Titre au Code
de inoff. Don. en a-t'il une feule difpofition ? la Novelle 92. s'en eft-elle expliquée ? la Coutume de Paris dans l'art.
298. ny aucune autre de nos Coutumes,
a-t'elle preferit cette difcuffion, à la referve de celle d'Anjou & du Maine, qui
ne parlent que dans le cas des Donations,
du pere à des étrangers en fraude de la
Legitime , ce qui eft tout different. Il
faut demeurer d'accord au contraire que
les Loix Romaines & nos Coutumes ont
parlé en termes generaux & indefinis, &
qu'ainfi elles n'ont excepté ni la premiere Donation ny aucune autre, donc il n'y
a nulle diftinction à faire entr'elles. Tout
ce qu'on oppofe en faveur des premiers
Donataires, ne font que des argumens *à
fimili*, dans des cas où la difcuffion a
lieu, qu'on veut appliquer à la Queftion.
Et ce qui fait, à proprement parler, la
difpute entre les Jurifconfultes fur cette
matiere, c'eft que les uns, fans écouter la
voix de la nature & de l'équité, s'atta-
chent avec opiniâtreté à la rigueur du
Droit Civil , & veulent foûtenir l'opinion pour la difcuffion, par la Regle
prior tempore, potior jure ; qui n'a jamais
été faite que par rapport aux dettes com-

munes & ordinaires, & non pour les dettes privilegiées, ny pour avoir lieu en
matiere de Legitime, qui se doit regler
par les principes du droit naturel, parce
qu'elle en tire son origine, & qu'elle est
l'ouvrage de la Loy & non pas de la stipulation des Parties, comme les autres
dettes.

Les autres au contraire rejettent la discussion comme onereuse & injurieuse au
Legitimaire, puis qu'on peut l'appeller à
son égard, *Summum jus*, c'est-à-dire,
Summam injuriam; ils préferent la voye
la plus douce, la plus équitable, & la
plus facile, qui est celle de la contribution, & ils ont crû avec justice qu'ils
pouvoient suivre les mouvemens de l'é-
quité dans une cause toute favorable où
la Loy ne s'est expliquée qu'à demy, &
où neanmoins elle s'est fait violence à
elle-même & à toutes les Regles les plus
certaines, pour nous marquer avec quelle faveur, elle a embrassé le party des
Legitimaires contre tous les Donataires,
sans distinction : *Rapiunt occasionem beni-
gnioris responsi*; & n'est-ce pas aussi dans
une telle occasion qu'il faut se déterminer par l'équité, qui doit même toûjours
être préferée à la souveraine rigueur,

*Placuit in omnibus rebus præcipuam esse
justitia, æquitatisque quam stricte juris
rationem C. de judiciis;* parce que, comme dit fort bien M. Cujas, *l. 2. de Feudis T. 1. Æquitas est jus natum & naturale in his quæ lex scripta prætermisit. In omnibus enim, maxime tamen in Jure æquitas spectanda est l. 90. de Reg. Juris.*

Cette équité est même si favorable qu'elle est souvent l'interprete des Contrats & des Testamens ausquels dans les Regles, il n'est pas permis de rien ajoûter, & elle l'emporte même sur les termes de la Loy quand elle est injuste ou obscure.

Or il est constant que la querelle d'inofficiosité contre les Donations du pere, n'a été introduite en faveur des Legitimaires, aussi bien que celle contre les Testamens que par un motif d'équité ; la Loy 3. *C. de inoff. Don.* y est précise, donc puisque l'équité a été le premier motif de la Loy, en accordant au Legitimaire cette action toute extraordinaire qui revoque des Donations entre-vifs faites par un pere en pleine santé & en pleine liberté, par un dessein prémedité, & pour l'établissement de sa Famille, & qui ou-

ete cela font partie d'un Contrat de mariage, qui étant la Loy de deux Familles,
ne peut être revoqué par un fait posterieur. Il faut suivre ce motif d'équité
dans toute son étenduë ; or qu'y a-t'il de
plus conforme à cette équité que la contribution par tous les Donataires à la
Legitime ?

Au lieu que si l'on admet la discussion,
c'est détruire & rendre inutile au Legitimaire cette action que la Loy luy a accordée comme un dernier remede dans
un cas qu'elle n'avoit pas d'abord préveu,
qui est celuy des Donations entrevifs,
parce que c'est luy rendre cette action
onereuse : *Nulla autem juris ratio aut
æquitatis benignitas patitur, ut quæ sa-
lubriter pro hominum utilitate introdu-
cuntur ea nos duriore interpretatione,
contra ipsorum commodum producamus
ad severitatem l. 25. D. de Legibus.* Et la
Loy 6. au Cod. eod. T. *Quod favore quo-
rumdam constitutum est, quibusdam ca-
sibus ad læsionum eorum nolumus inven-
tum videri.*

C'est donc mal entendre le sens & l'esprit de la Loy en cette occasion que de
ne luy donner pas toute l'étenduë qu'elle peut avoir en faveur de la Legitime,

qui eſt en quelque ſorte auſſi favorable
que la Loy même dont elle porte le nom,
parce qu'elle a, comme elle, ſon principe dans la nature aux droits de laquelle
elle avoue qu'elle ne peut déroger. C'eſt
un droit de ſang qui ne ſe peut effacer,
ny dans la perſonne du pere, ny dans
celle des Donataires freres du Legitimaire. La date de leurs Donations ne peut
operer ce changement en l'un plûtoſt
qu'en l'autre, ils ſe doivent tous reſpec-
tivement ce ſecours. Il ne faut pas par
une exception injuſte en faveur du premier Donataire, mettre entr'eux un juſte ſujet de jalouſie & de diviſion, puiſque la Loy les a chargez tacitement de
contribuer tous à la Legitime.

La Maxime *prior tempore, potior jure,*
a ſa juſtice, mais elle a auſſi ſes bornes;
ce n'eſt point une Regle d'équité, mais
de pure rigueur, qui ne peut avoir lieu
par conſequent dans une dette toute privilegiée qui n'eſt fondée ſur aucune ſtipulation, ny ſur aucun Contrat, qui ne
produit point d'hypoteque, & qui affec-
te neanmoins des biens qui ne ſont plus
au debiteur, qui en a diſpoſé entre-vifs,
même avant qu'elle ſoit exigible, & pour
laquelle le creancier a droit d'agir com-

.me véritable propriétaire par une action
de partage & de revendication, comme
étant saisi de son deu, jusqu'à pouvoir revoquer les actes les plus irrevocables.

En un mot, l'opinion pour la dif-
cussion est une opinion dure, injurieuse à la Loy, & qui ne peut être que
funeste au Legitimaire. Ceux qui la
soûtiennent avec tant de chaleur don-
nent lieu de soupçonner qu'ils se font
laissez prévenir à des scrupules mal
fondez d'une observation outrée de
la Loy, qui n'empêchent pas qu'ils
ne se reprochent en secret ce zele spe-
cieux qu'ils affectent pour la souveraine
justice au préjudice des sentimens de la
nature, de l'équité, & de la droite raison qu'ils ne veulent pas écouter.

Mais pour confondre les premiers Donataires & ceux qui soûtiennent leur party par les termes de la Loy même, il ne
faut que leur appliquer ceux dont elle
se sert dans une espece presque semblable-
ble, puisqu'il s'agissoit d'un heritier in-
stitué a qui refusoit de payer la Legitime,
comme les premiers Donataires refusent
d'y contribuer.

Si non statim & fine contentioso pro-
a *L. 33. Cod. de inofficioso Testamento.*

posito , vel ulla mora eam restituere vo-
luerit , sed expectato judiciorum strepitu
& multis , variisque certaminibus habi-
tis , post longum tempus ex sententia ju-
dicis vix eam reddiderit (rien ne marque mieux cet embaras & les risques de
la discussion que les premiers Donataires opposent au Legitimaires.) Voici de
quel Nom la Loy appelle cet heritier, &
de qu'elle peine elle le punit: *Crudelitatem*
ejus competenti pœna agredimur , ut si
hæc fuerint subsecuta , non tantum in id
quod testator voluit eum restituere , con-
demnetur. Sed etiam aliam tertiam par-
tem quantitatis quæ simul in Testamen-
to derelicta, modis omnibus reddere co-
gatur, ut avaritia ejus Legitimis ictibus
feriatur.

Quelque évenement que puisse avoir
le jugement de cette Question, les premiers Donataires n'effaceront jamais cette Loy, dont l'application leur est si naturelle, elle les appellera toûjours cruels
& avares , s'ils réüssissent , parce qu'ils
meritent plûtost ces noms que ceux de
freres qu'ils ont réceu de la nature, auquel ils renonceroient volontiers , pour
s'exempter de rendre à leur frere cette
part modique de sa portion hereditaire

dont ils ont profité, & qu'ils osent regarder comme leur propre bien, pendant qu'ils veulent l'obliger à une discussion, c'est-à-dire à soûtenir de longs procès pour se faire rendre par les derniers Donataires cette Legitime qu'ils luy doivent comme eux & avant eux.

REPONSE A LA CONSULTATION
imprimée de M. de Renusson Avocat, en faveur de la Discussion.

MOnsieur de Renusson soûtient dans cette Consultation, que par l'Article 272. de la Coutume de Paris, le pere peut disposer de tous ses biens avec deux conditions. La premiere, pourveu que ce soit à personne capable; ainsi le mary ne peut disposer au profit de sa femme. La seconde, en reservant la Legitime, qui est la moitié de ce que le fils auroit eu si le pere n'eust point disposé; d'où il conclut que quand le pere n'a disposé que de la moitié de ses biens par une premiere Donation en faveur de l'un de ses enfans, il n'a usé que du pouvoir que la Coutume luy donne, & qu'il a consommé entierement ce pouvoir, de telle sorte qu'à l'égard de l'autre moitié,

il n'en peut donner aucune chofe qu'à la
charge de la Legitime, parce qu'il n'y a
que cette moitié qui y foit, dit-il, fu-
jete. D'où il s'enfuit, à ce qu'il prétend,
que le premier Donataire qui n'a receu,
par exemple, que cette premiere moitié
des biens du pere, eft à couvert de la demande de la Legitime, parce que fa Donation ne le bleffe point.

PREMIERE REPONSE.

1. Il n'eft pas veritable, que le pere
dans la Coutume de Paris ne puiffe difpofer que de la moitié de fes biens librement par la premiere Donation au
profit d'un de fes enfans ; car au contraire, il peut difpofer de tous les biens qui
luy appartiennent lors de la premiere ou
feconde Donation abfolument, fans rien
referver pour la Legitime des autres enfans qui reftent à pourvoir, il fuffit que
dans la fuite ce pere acquiere des biens
nouveaux pour la remplir. Il ne faut donc
point compter ceux qu'a le pere lors
qu'il fait fa premiere Donation, ny examiner s'il luy refte après cela dequoy
fournir la Legitime aux autres enfans ; il
ne faut compter fes biens que le jour de
fon

son deceds, qui est celuy de l'ouverture
de la Legitime. Celuy-là seul fixe l'état
de sa fortune, tout est incertain jusques-
là ; quand il donne une premiere, une seconde, ou une derniere fois, on ne peut
pas dire qu'il donne la moitié, le tiers,
le quart de ses biens ou le total, parce
que ce total ne s'estime qu'au jour de sa
mort ; il est le maître de son bien jusqu'à ce jour, il dispose librement, & il
n'est comptable que lors que la Legitime est ouverte. Ce qui est si certain que
s'il a donné, comme on suppose, au premier Donataire la moitié des biens qu'il
possedoit lors de cette premiere Donation, il peut en alienant l'autre moitié,
obliger le premier Donataire de contribuer seul à la Legitime de tous les autres, ensorte que par le nombre des Legitimaires, le premier Donataire se trouvera n'avoir de reste de la Donation que
beaucoup au dessous de cette moitié des
biens que son pere avoit lors qu'il l'a
voulu avantager ; donc cette premiere
moitié des biens du pere, est chargée
comme eust pû être la seconde, de la Legitime. Ainsi quand le pere a fait plusieurs Donations, qui ont épuisé tous
ses biens, elles sont toutes inofficieuses,

reipsâ , parce qu'elles bleſſent toutes la
Legitime, puiſque tout le bien du pere
en eſt chargé anterieurement à toutes
les Donations, & que ſi l'une d'elle n'a-
voit poit été faite, il y auroit dans la
ſucceſſion dequoy la fournir. La Loy
aprés avoir prohibé au pere de diſpoſer
qu'à la charge de la reſerver, ne ſe met
plus en peine de compter à chaque Donation qu'il fait, s'il entame le fond deſtiné à la Legitime ou non, parce que
tout ſon patrimoine y eſt affecté : mais
quand au jour de ſa mort le fond de la
Legitime ne ſe trouve pas, elle revoque
toutea les Donations ſans diſtinction, &
aprés avoir compoſé une nouvelle maſſe
dés biens donnez, elle rend au Legitimaire la Legitime ſur le total, comme ſi
le pere n'avoit point diſpoſé.

SECONDE REPONSE.

L'Article 272. de la Coutume de Paris, qui permet à chacun de diſpoſer de
tous ſes biens, dit à perſonne capable;
or on peut dire que quand la Legitime
ſe trouve bleſſée par pluſieurs Donations
du pere, il y a eu une eſpece d'incapaci-
té dans chaque Donataire, pour ainſi

dire , de recevoir une donation du pere, qui se trouve par l'évenement avoir excedé son pouvoir , avec cette difference que si cette Donation a été faite par le pere à un étranger , il faut qu'il y ait eu un dessein de fraude de la part du Donateur & du Donataire pour pouvoir revoquer la Donation en faveur du Legitimaire : mais à l'égard des enfans , il suffit que les Donations se trouvent par l'évenement inofficieuses , c'est-à-dire qu'il ne se trouve pas dans la succession du pere des biens pour la remplir. Aussi la Coutume n'a point dit qu'il falloit que le pere reservast la Legitime sur une moitié de ses biens , & qu'il pouvoit librement disposer de l'autre moitié , comme on le prétend ; au contraire elle a dit qu'il peut disposer de tous ses biens indéfiniment , mais en reservant la Legitime. Elle a donc fait cette reserve sur le total des biens du pere , donc il peut disposer de tout à sa volonté , mais sous condition neanmoins de laisser au jour de sa mort dequoy remplir la Legitime, sans cela tous les enfans Donataires sont reputez avoir été incapables de recevoir aucune chose de leur pere.

Monsieur de Renusson ajoûte que ce

n'eſt point dans l'eſpece dont il s'agit ; où
il faut conſerver l'égalité entre enfans,
mais ſeulement quand ils ſe portent tous
heritiers , & qu'ils rapportent leur Donation.

Il eſt vray que l'égalité dont la Coutume a parlé, dans l'Art. 303. & 304. eſt
dans le cas d'enfans heritiers, mais ce cas
où l'égalité eſt requiſe, n'exclut pas les
autres cas où il faut auſſi l'obſerver autant qu'il eſt poſſible, parce qu'il y pari-
té de raiſon, qui eſt d'entretenir la paix
& de prévenir tout ſujet de jalouſie entre
des freres.

Or il eſt conſtant qu'il y auroit une
inégalité énorme dans l'eſpece dont il
s'agit entre les Donataires, ſi les derniers
ſeuls contribuoient à la Legitime, & que
les premiers n'en fuſſent tenus que ſub-
ſidiairement, parce que la faculté de pouvoir ſe tenir à ſon dón, ou d'accepter la
ſucceſſion en le rapportant, eſt accordée
également à tous les enfans Donataires,
ſoit aux premiers, ſoit aux derniers ; cependant il s'enſuivroit delà, comme il a
déja été remarqué, que quand la ſucceſſion eſt plus avantageuſe que la Donation, le premier Donataire pourroit rapporter ce dón & ſe porter heritier ; & dans

le cas où elle est onereuse, luy seul pouroit
y renoncer impunément sans être tenu de
contribuer à la Legitime, pendant que les
derniers Donataires seroient frustrez de
cet avantage, & ne pourroient se tenir à
leur don, comme luy, pour s'exempter
de la payer, ce qui seroit injuste ; car le
risque doit être égal pour tous, celuy qui
peut profiter, doit contribuer à la perte
quand elle arrive.

Et il ne faut point dire que le second
Donataire ou le dernier, n'ont pas droit
de se plaindre s'ils contribuent à la Legitime, parce qu'il suffit que leur Legitime leur reste ; leur pere ayant pû les y
reduire sans leur faire injure.

Car cet argument tombe de luy-mé-
me ; pour peu qu'on y reflechisse, il est
vray que le dernier Donataire a pû être
réduit à sa Legitime par son pere, mais
il n'est pas vray qu'il doive y être reduit
quand son pere n'a pas voulu l'y reduire ; or il ne l'a pas voulu, puisqu'au contraire il luy a donné des biens au delà
de sa portion hereditaire ; ainsi il a pour
luy le suffrage de son pere qui l'a avantagé, aussi bien que le premier Donataire. La date de leurs Donations est donc
ce qu'il y a de plus indifferent à consi-

derer en cette occasion, & cette difference de dates n'arrive pas même par la volonté du pere, mais malgré luy. D'autant qu'il n'est presque pas possible que le pere trouve en un même jour l'occasion de marier plusieurs de ses enfans à la fois avantageusemen ⟨…⟩ y qu'il soit en état de leur donner à chacun ⟨…⟩ même temps des biens suffisans pour les établir. Car, quant à la volonté du pere, on peut dire, que quoy qu'il ne donne à l'un qu'aprés avoir donné à l'autre, toutes les Donations qu'il fait font, *simul tempore*, par rapport à la cause de chacune qui est l'amour qu'il a pour eux, il les établiroit tous le même jour, s'il étoit possible, & on doit même présumer qu'il les égaleroit, s'il acqueroit assez de biens pour cela, ou que du moins il laisseroit la Legitime à ceux qu'il n'auroit pas avantagez, & c'est souvent la prudence qui retient malgré luy les mouvemens impetueux d'une tendresse aveugle & sans bornes, qui le dépoüilleroit de tout en leur faveur, si elle ne prévenoit pas, par un effort de raison, des liberalitez qui pourroient luy nuire. C'est elle qui ferme ses mains toûjours pleines & toûjours ouvertes quand il s'agit

de leur donner. Que s'il n'a pû se rete-
nir & qu'il ait épuisé tous ses biens en
faveur de quelques-uns de ses enfans, il
se reproche à luy-même toute sa vie
sa facilité, à la veuë de ceux qu'il s'est
mis dans l'impuissance de pouvoir secou-
rir, mais il doit se consoler en ce cas de
ce que la Loy plus absoluë que luy, veut
bien par son autorité absoluë reparer la
faute qu'il a faite; & peut-elle la reparer par une voye plus équitable & moins
odieuse, qu'en obligeant tous les Donataires, sans distinction, à contribuer à
la Legitime.

M. DANTY, Avocat.